高校入試

漢字・語句 3000

受験研究社

本書の使い方

過去の高校入試問題を分析し、約三千の漢字・語句問題を**出題頻度**によってレベルA～Cに配列・収録しました。これらをマスターすることで、高校入試の漢字・語句を完璧に攻略することができます。

LEVEL A …必ずおさえておきたい漢字・語句
LEVEL B …入試で差がつく漢字・語句
LEVEL C …難関校突破への漢字・語句

目次

LEVEL

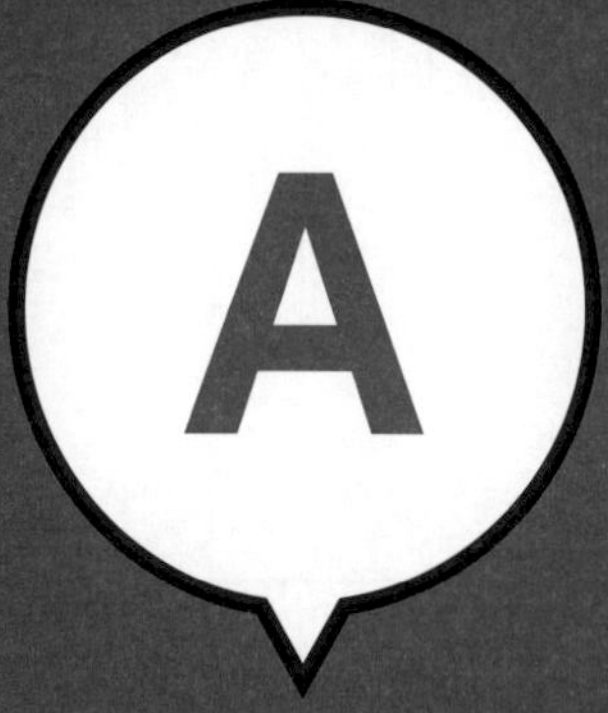

必ずおさえておきたい漢字・語句

1~1356

1 漢字の書き①

▼線のカタカナを漢字に直しなさい。

チェック欄

	問題	解答	ワンポイント
1	**ヨウイ**には理解できない。	容易	同音異義 用意周到
2	姉と私の性格は**タイショウ**的だ。	対照	同音異義 調査対象・左右対称
3	博士**カテイ**を修了する。	課程	同音異義 成長過程
4	**カンゲイ**会の挨拶をする。	歓迎	誤 観×迎
5	政治に**カンシン**がある。	関心	同音異義 感心な行い・歓心を買う
6	**キョクタン**な意見を言う。	極端	極も端も「きわ・はし」
7	逆転の**キカイ**を逃す。	機会	同音異義 工作機械・器械体操
8	全体を**ハアク**する。	把握	どちらも「てへん」(扌)
9	彼女は**トクチョウ**のある声をしている。	特徴	誤 特微×
10	国際ビジネスを**テンカイ**する企業。	展開	同音異義 方針を転回する
11	自信を**ソウシツ**する。	喪失	失の訓は、うしな(う)

獲得ポイント P

トライ1 /25

トライ2 /25

番号	問題	答え	解説
12	プロレス観戦で**コウフン**する。	興奮	奮の訓は、ふる(う)
13	事故現場に**ソウグウ**する。	遭遇	どちらも「しんにょう」(辶)
14	友人から**キミョウ**な話を聞く。	奇妙	奇も妙も「ふしぎな」
15	友人と映画を**カンショウ**する。	鑑賞	同音異義 観賞植物
16	将来は**ボウケン**の旅に出かけたい。	冒険	誤 冒検×
17	入試の出題**ケイコウ**を確認する。	傾向	傾の訓は、かたむ(く)
18	**ショウドウ**買いをする。	衝動	誤 衡×動
19	簡単に**ダキョウ**できない。	妥協	類義 譲歩
20	急な停電で作業に**シショウ**をきたす。	支障	差し支え
21	**ケンチョ**に効果が表れる。	顕著	顕も著も「あらわれる」
22	五日間ホテルに**タイザイ**する。	滞在	滞の訓は、とどこお(る)
23	子どもの**ソウゾウ**力を育む環境を作る。	創造	同音異義 想像を絶する
24	地震により建物が**ホウカイ**する。	崩壊	崩の訓は、くず(れる)
25	敵の迫力に**アットウ**される。	圧倒	誤 圧到×

LEVEL A

2

漢字の書き②

▼——線のカタカナを漢字に直しなさい。

	問題	解答	ワンポイント
26	上司のジマン話にうんざりしている。	自慢	誤 自漫×
27	結婚披露宴に恩師をマネく。	招	音は、ショウ(招待・招致)
28	不誠実な言動をヒナンする。	非(批)難	誤 否難×
29	文化祭の費用を、全員でフタンする。	負担	負い、担う
30	危機意識がキハクだ。	希薄	薄の訓は、うす(い)
31	見積書の作成をイライする。	依頼	類義 要望・要請
32	大キボな火山の噴火が予想される。	規模	誤 基模×
33	明確なコンキョを示してください。	根拠	類義 理由
34	語学留学でキチョウな経験をする。	貴重	貴の訓は、とうと(い)
35	ゲンミツに言えば、両者は少し異なる。	厳密	厳の訓は、きび(しい)・おごそ(か)
36	花火大会で交通キセイを行う。	規制	同音異義 帰省・既成・既製・寄生

獲得ポイント P

トライ1 /25

トライ2 /25

0 500 1000 1500 2000 2500 3000 GOAL

LEVEL A
LEVEL B
LEVEL C

漢字の書き②

番号	問題	答え	解説
37	先代の偉大な**ギョウセキ**をたたえる。	業績	誤 業積×
38	電波を**ボウガイ**する。	妨害	妨の訓は、さまた(げる)
39	生活の**キバン**を固める。	基盤	類義 基礎
40	責任**ホウキ**とも取れる発言をする。	放棄	放し、すてる
41	**センレン**された着こなしをする。	洗練	練の訓は、ね(る)
42	彼とは、いつも意見が**ショウトツ**する。	衝突	誤 衡突×
43	逆転のゴールに**カンセイ**を上げる。	歓声	誤 観声×
44	事故原因について**ショウサイ**に調べる。	詳細	詳しく、細かく
45	作業の**ムダ**を省く。	無駄	駄は、「つまらないもの」
46	姉は**コウリツ**よく勉強している。	効率	類義 能率
47	道路の**カクチョウ**工事をする。	拡張	拡は、「ひろげる」
48	**ダイタン**な衣装で登場する。	大胆	誤 大担×
49	緊急**ジタイ**に備える。	事態	誤 事体×
50	飛行機の**ソウジュウ**を体験する。	操縦	操の訓は、あやつ(る)

LEVEL A

3

漢字の書き③

▼——線のカタカナを漢字に直しなさい。

番号	問題	解答	ワンポイント
51	**キセイ**概念にとらわれない発想。	既成	同音異義 規制・帰省・既製・寄生
52	物事を**アンイ**に考える。	安易	易の訓は、やさ(しい)
53	**カンヨウ**な態度で接する。	寛容	どちらも「うかんむり」(宀)
54	**コウガイ**に一戸建てを購入する。	郊外	郊は、交に「おおざと」(阝)
55	**エンリョ**なく発言してください。	遠慮	誤 遠虚×
56	電気料金の値上げに**コウギ**する。	抗議	誤 抗義×
57	**キタイ**の新人が初登板する。	期待	誤 期持×
58	**フシギ**な体験を持つ双子の姉妹。	不思議	誤 不思義×
59	両親は田舎で**ヘイオン**な毎日を送っている。	平穏	誤 平隠×
60	地名の**ユライ**を調べる。	由来	由のほかの音は、ユウ(理由)
61	虫が伝染病を**バイカイ**する。	媒介	媒は、「おんなへん」(女)に某

獲得ポイント P

トライ1 /25

トライ2 /25

No.	問題	解答	解説
62	**トウメイ**感のある歌声が魅力の歌手。	透明	透の訓は、す(ける)
63	会議の**ボウトウ**で参加者の紹介をする。	冒頭	対義 末尾
64	被害者の気持ちを**ハイリョ**する。	配慮	誤 配虚×
65	計画を**スイコウ**する。	遂行	誤 逐行×
66	人混みに**マギ**れる。	紛	誤 粉れる×
67	姉は**ハケン**社員として働いている。	派遣	誤 派遺×
68	できる**ハンイ**で協力します。	範囲	誤 範囲×
69	現在の体重を**イジ**する。	維持	誤 維待×
70	人々の注意を**カンキ**する。	喚起	同音異義 換気・歓喜・寒気
71	新聞に投書が**ケイサイ**された。	掲載	掲げて、載せる
72	英語を**クシ**して自己紹介する。	駆使	使いこなすこと
73	困難を**コクフク**して得た栄冠。	克服	克は、「打ち勝つ」
74	**ソボク**な味わいを持つ器。	素朴	素のほかの音は、ス(素直)
75	王位を**ケイショウ**する。	継承	継の訓は、つ(ぐ)

LEVEL A

4 漢字の書き④

▼――線のカタカナを漢字に直しなさい。

番号	問題	解答	ワンポイント
76	ヨクシツの掃除をする。	浴室	浴の訓は、あ(びる)
77	欠員をオギナうために募集する。	補	誤 捕
78	子どもたちのスコやかな成長を願う。	健	「にんべん」(亻)に建
79	経済がイチジルしく発展する。	著	読み 著名(ちょめい)・著(あらわ)す
80	畑をタガヤして農作物を育てる。	耕	音は、コウ(耕作・農耕)
81	友人をパーティーにショウタイする。	招待	誤 紹待×
82	コマっている人を助ける。	困	音は、コン(困惑・貧困)
83	提案に異議をトナえる。	唱	音は、ショウ(唱和・暗唱)
84	偉大なコウセキを残す。	功績	誤 功積×
85	駅の構内で落とし物をヒロう。	拾	対義 捨てる
86	駅に自転車をアズけて電車に乗る。	預	音は、ヨ(預金・預言)

獲得ポイント P

トライ1 /25

トライ2 /25

0 500 1000 1500 2000 2500 3000 GOAL

LEVEL A LEVEL B LEVEL C

漢字の書き④

番号	問題	解答	解説
87	**オウフク**の切符を買う。	往復	誤 住復×
88	プレゼントに毛糸の手ぶくろを**ア**む。	編	音は、ヘン(編集・長編)
89	台風一過の**ホガ**らかな空。	朗	音は、ロウ(朗読・明朗)
90	もう少しで夢に手が**トド**きそうだ。	届	部首は、「かばね・しかばね」(尸)
91	災害に備えて食べ物を**チョゾウ**する。	貯蔵	貯の部首は、「かいへん」(貝)
92	今日は店の**エイギョウ**日だ。	営業	営の訓は、いとな(む)
93	**センモン**家による調査が行われる。	専門	誤 専門×・専問×
94	時間の無駄を**ハブ**く。	省	読み 反省(はんせい)・省略(しょうりゃく)・省(かえり)みる
95	枝に添え木をして**ササ**える。	支	音は、シ(支柱・支店)
96	あの人と話すと心が**ナゴ**む。	和	音は、ワ(和平・調和)
97	外国との間に**ボウエキ**摩擦が起きる。	貿易	易の訓は、やさ(しい)
98	彼は**テンケイ**的な日本人だ。	典型	典の部首は、「は」(八)
99	どんな仕事も**ココロヨ**く引き受ける。	快	音は、カイ(快感・快速)
100	釣り糸を**タ**れて魚を待つ。	垂	誤 垂×

5 漢字の書き⑤

▼――線のカタカナを漢字に直しなさい。

番号	問題	解答	ワンポイント
101	**キフク**の多いマラソンコースを走る。	起伏	伏の訓は、ふ(せる)
102	いわしの**ム**れが泳ぐ。	群	音は、グン(群発・群衆)
103	**フクザツ**な仕組みを理解する。	複雑	対義 簡単
104	彼は、今大会の優勝**コウホ**です。	候補	誤 候捕×
105	人工**エイセイ**の打ち上げが話題になる。	衛星	同音異義 衛生的
106	父は工場に**キンム**している。	勤務	誤 難×務
107	遠くの的を矢で**イ**る。	射	音は、シャ(射撃・射程)
108	贈り物をきれいに**ホウソウ**する。	包装	装の訓は、よそお(う)
109	限りある貴重な**シゲン**を大切にする。	資源	源の訓は、みなもと
110	**キビ**しい訓練に耐える。	厳	読み 厳格(げんかく)・厳か(おごそ)
111	厚手の布をはさみで**タ**つ。	裁	同訓異字 立・絶・建・断

獲得ポイント P

トライ1 ／25

トライ2 ／25

No.	問題	答え	解説
112	風呂のお湯が**サ**める。	冷	音は、レイ(冷凍・保冷)
113	機械の**コショウ**を修理する。	故障	誤 故×障
114	ピアノの**エンソウ**を聴く。	演奏	奏の部首は、「だい」(大)
115	機械の**ソウサ**を誤る。	操作	誤 繰×作
116	湿気で木材が**ソ**る。	反	音は、ハン(反省・反射)
117	諸君のいっそうの**フンキ**を期待する。	奮起	誤 奪×起／奮の訓は、ふる(う)
118	仮説を証明するための実験を**ココロ**みる。	試	物事を実現しようとやってみる
119	初日の出を**オガ**む。	拝	音は、ハイ(拝啓・崇拝)
120	彼がチームを**ヒキ**いて優勝した。	率	読み 率先(そっせん)・能率(のうりつ)
121	体を**セイケツ**に保つ。	清潔	潔の訓は、いさぎよ(い)
122	作品の**ヒヒョウ**が気になる。	批評	批は、「良い悪いを決める」
123	山々が**ツラ**なっているのが見える。	連	音は、レン(連絡・連続)
124	**オンダン**な地域で育つ植物。	温暖	温・暖ともに訓は、あたた(かい)
125	ボランティアの参加者を**ツノ**る。	募	下部は力／読みも頻出

6 漢字の書き⑥

▼——線のカタカナを漢字に直しなさい。

No.	問題	解答	ワンポイント
126	終了後は**テキギ**、解散とします。	適宜	宜の部首は、「うかんむり」(宀)
127	除夜の**カネ**が鳴り響く。	鐘	音は、ショウ(警鐘・半鐘)
128	**カンヅメ**の果物を食べる。	缶詰	誤 缶結×
129	夢か**マボロシ**か定かではない。	幻	音は、ゲン(幻想・幻覚)
130	事態は**ドロヌマ**化していった。	泥沼	どちらも「さんずい」(氵)
131	**カガヤ**かしい未来に向かって進む。	輝	誤 揮
132	**チンリョウ**を値上げする。	賃料	賃の部首は、「かい・こがい」(貝)
133	**メンミツ**な計画を立てる。	綿密	綿の訓は、わた
134	**ソショウ**は取り下げられた。	訴訟	訴の訓は、うった(える)
135	**ケイチョウ**見舞金を支給する。	慶弔	慶⇔弔
136	**バンゼン**の注意を払う。	万全	手落ちがない

獲得ポイント P

トライ1 /25

トライ2 /25

0 500 1000 1500 2000 2500 3000 GOAL

LEVEL A

LEVEL B

LEVEL C

漢字の書き⑥

No.	問題	解答	解説
137	土地の開発には**ヘイガイ**が伴う。	弊害	誤 幣害×
138	**コカゲ**で一休みする。	木陰	読み 植木（うえき）・木刀（ぼくとう）・木造（もくぞう）
139	ご結婚お祝い**モウ**し上げます。	申	音は、シン（答申・申告）
140	予算を**キントウ**に配分する。	均等	均も等も「ひとしい」
141	板の表面に**オウトツ**がある。	凹凸	誤 凸×凹×
142	**ヒガタ**の生態系を調べる。	干潟	干の音は、カン（干害・干渉）
143	土の**カタマリ**をつぶしてほぐす。	塊	誤 魂
144	大会の**シンサ**員を務める。	審査	同音異義 健康診査
145	**ドウケツ**の中はとても涼しかった。	洞穴	「ほらあな」とも読む
146	防災対策のため、非常食を**ビチク**する。	備蓄	備え、蓄える
147	文字を丁寧に書き**ウツ**す。	写	音は、シャ（写真・描写）
148	パーティーへの参加は**ジシュク**する。	自粛	自の訓は、みずか(ら)
149	**センタクシ**の中から記号で答えなさい。	選択肢	誤 選択枝×・選択詞×
150	大雪で松の枝が**オ**れる。	折	音は、セツ（折衷・折半）

LEVEL A

7

漢字の書き⑦

▼――線のカタカナを漢字に直しなさい。

番号	問題	解答	ワンポイント
151	シと仰いで尊敬する人。	師	師匠・先生
152	デンタクをたたいて計算する。	電卓	電子式卓上計算機の略称
153	夏休みをベッソウで過ごす。	別荘	誤 別壮×
154	法律をアラタめて施行する。	改	誤 攺×
155	災害にアった人々を助ける。	遭	音は、ソウ(遭遇・遭難)
156	猫がつめをトぐ。	研	音は、ケン(研究・研修)
157	このままでは災害を招くウレいがある。	憂	不安であること
158	アイスクリームなどのヒョウカがよく売れた。	氷菓	氷菓子のこと
159	ドクヘビにかまれる。	毒蛇	読み 大蛇(だいじゃ)・蛇足(だそく)
160	ソウじて事はうまく運んだ。	総	総じては、「全般的に」
161	回転トビラを押して通る。	扉	部首は、「とだれ」(戸)

獲得ポイント P

トライ1 /25

トライ2 /25

No.	問題	解答	解説
162	新**シャオク**が完成した。	社屋	屋は、「たてもの」
163	**チセツ**な文章で手紙を書く。	稚拙	誤 推×拙
164	私の出る**マク**ではない。	幕	部首は、「はば」（巾）
165	肉の**ブイ**によって名前が異なる。	部位	部分の位置
166	**コンイン**届を提出する。	婚姻	どちらも「おんなへん」（女）
167	**ハクトウ**のおいしい季節になった。	白桃	桃の訓は、もも
168	法律を厳密に**カイシャク**する。	解釈	意味、内容を理解すること
169	**チュウシン**を従えて戦いに行く。	忠臣	忠義を誓う家臣
170	彼はなかなかの**コウセイネン**だ。	好青年	好は、「このましい・よい」
171	国際科を**ヘイセツ**する学校。	併設	併の訓は、あわ（せる）
172	**ライウン**が空を暗くしている。	雷雲	雷も雲も「あめかんむり」（⻗）
173	**シバ**が枯れて茶色になる。	芝	芝は、訓読みのみの漢字
174	喜びが胸に**コ**み上げてくる。	込	部首は「しんにょう」（⻌）
175	海に**ノゾ**むホテルに宿泊する。	臨	同訓異字 遠くの富士山を望む

8 漢字の書き⑧

▼――線のカタカナを漢字に直しなさい。

番号	問題	解答	ワンポイント
176	寝坊して学校に**チコク**する。	遅刻	誤 遅刻×
177	**キンシ**事項を読み上げる。	禁止	禁の部首は、「しめす」(示)
178	**アツ**みのある封筒が届く。	厚	音は、コウ(温厚・厚意)
179	苦しい練習に**ヨワネ**を吐く。	弱音	意気地のない言葉
180	五回からはエースが**トウバン**した。	登板	登のほかの音は、ト(登山)
181	連載小説の**シッピツ**を依頼する。	執筆	執の訓は、と(る)
182	部屋に**カシツ**器を置く。	加湿	湿の訓は、しめ(る)
183	生徒は先生を**コワ**がっている様子だ。	怖	音は、フ(恐怖)
184	社長の**ケッサイ**を仰ぐ。	決裁	同音異義 手形の決済
185	**ネバ**り強く交渉を続ける。	粘	音は、ネン(粘着・粘液)
186	古い**チソウ**から化石が見つかる。	地層	層の部首は、「かばね・しかばね」(尸)

獲得ポイント P

トライ1 /25

トライ2 /25

漢字の書き⑧

番号	問題	解答	解説
187	頭の後ろを**カガミ**で見る。	鏡	音は、キョウ(三面鏡・鏡台)
188	本を借りた**レイ**を言う。	礼	部首は、「しめすへん」(ネ)
189	流れに身を**マカ**せる。	任	音は、ニン(任命・担任)
190	商品に一**クフウ**加えてみる。	工夫	同音異義 工夫(コウフ)
191	富士山を**ハジ**めて見る。	初	同訓異字 仕事始め
192	道路を**ナナ**めに横切る。	斜	音は、シャ(傾斜・斜面)
193	志望校に**シュツガン**する。	出願	願の訓は、ねが(う)
194	学校の正門を**ト**じる。	閉	ほかの訓は、し(める)
195	刀などの**ブグ**のレプリカを飾る。	武具	武術に用いる道具
196	**コテン**文学に親しむ。	古典	古い時代の文書
197	子や**マゴ**にまで資産を残す。	孫	音は、ソン(子孫)
198	**アマザケ**を飲んで温まる。	甘酒	甘の音は、カン(甘美・甘言)
199	文中の**ジョシ**の使い方を間違える。	助詞	品詞の種類の一つ
200	日が**ク**れる前に帰宅する。	暮	音は、ボ(薄暮・歳暮)

LEVEL A

9 漢字の書き⑨

▼――線のカタカナを漢字に直しなさい。

番号	問題	解答	ワンポイント
201	大学で**シホウ**を学ぶ。	司法	国が法律にもとづいて裁くこと
202	大雨で増水した川は**アブ**ない。	危	音は、キ（危険・危害）
203	一目で気に入り、**ソッケツ**した。	即決	誤 則×決
204	外国に**エイジュウ**することになる。	永住	住みつくこと
205	音楽会で**タテブエ**を吹く。	縦笛	誤 縦×苗×
206	剣道の**ワザ**を磨く。	技	同訓異字 至難の業
207	**ジョウケン**に合う建物を探す。	条件	約束やきまりごと
208	**カサ**をさして歩く。	傘	音は、サン（傘下・落下傘）
209	土が雨を**ス**い込む。	吸	音は、キュウ（吸収・呼吸）
210	ここは我が国の**コクソウ**地帯である。	穀倉	誤 殻×倉
211	**カンコン**葬祭の行事が続く。	冠婚	誤 冦×婚

獲得ポイント P

トライ1 /25

トライ2 /25

No.	問題	答え	解説
212	ろうそくの火が**モ**える。	燃	音は、ネン(燃焼・可燃物)
213	体力を**ヤシナ**う。	養	音は、ヨウ(養育・扶養)
214	時がたつのも**ワス**れて話し込む。	忘	音は、ボウ(忘却・備忘録)
215	頭を**ハタラ**かせて問題を解く。	働	「人が動く」で働く
216	現状に**マンゾク**していてはいけない。	満足	満ち足りること
217	車を左に**ヨ**せてください。	寄	音は、キ(寄付・寄進)
218	行き先と地図を**テ**らし合わせる。	照	引き合わせて比べる
219	不良品を**ノゾ**いて出荷する。	除	読み 除外(じょがい)・掃除(そうじ)
220	友人に**イタ**くもない腹を探られた。	痛	音は、ツウ(苦痛・痛恨)
221	新しいクラスを**タンニン**する。	担任	任の訓は、まか(せる)
222	読み書きの学力を**ノ**ばす。	伸	音は、シン(伸縮・追伸)
223	**ウチュウ**にはなぞが多い。	宇宙	宙の下部は由
224	**ニガ**い経験をして成長した。	苦	ほかの訓は、くる(しい)
225	新しい生活に**ナ**れる。	慣	音は、カン(慣例・習慣)

10 漢字の書き ⑩

▼——線のカタカナを漢字に直しなさい。

番号	問題	解答	ワンポイント
226	観葉植物を**マド**のそばに置く。	窓	音は、ソウ(車窓・同窓)
227	物音にはっとして**アタ**りを見回した。	辺	読み 周辺(しゅうへん)・海辺(うみべ)
228	性格の**ニ**ている兄と妹。	似	音は、ジ(類似・相似)
229	**ホ**を上げて出航する。	帆	音は、ハン(帆船・出帆)
230	臓器移植後に、**キョゼツ**反応が出る。	拒絶	拒の訓は、こば(む)
231	ビールの**セン**を抜く。	栓	穴などの口をふさぐもの
232	駐車**イハン**を取り締まる。	違反	誤 偉×反
233	決勝戦でおしくも**ハイボク**した。	敗北	敗の訓は、やぶ(れる)
234	ライバルとタイムを**キソ**う。	競	下部の兄兄の形に注意
235	図書館で本を**カ**りる。	借	対義 貸す
236	それは事実として**ミト**めなければならない。	認	音は、ニン(認識・確認)

獲得ポイント P

トライ1 /25

トライ2 /25

LEVEL A LEVEL B LEVEL C

漢字の書き⑩

No.	問題	答え	解説
237	ジョウシキ外れのことをする隣人。	常識	通常の人が持っている知識
238	セキニンの所在を明らかにせよ。	責任	誤 積任
239	川にソってゆっくりと散歩した。	沿	音は、エン(沿岸・沿線)
240	ギャクもまた真なり	逆	対義 順／逆風⇔順風
241	話がおもしろくて、声を出してワラう。	笑	読み 苦笑(くしょう)・笑(え)む
242	光をシャダンするカーテン。	遮断	遮の訓は、さえぎ(る)
243	健康のために塩分の摂取量をへらす。	減	音は、ゲン(減少・増減)
244	都市部キンコウの天気を報じる。	近郊	都市周辺の地域
245	故郷をステて都会に出る。	捨	対義 拾う
246	時計のねじをマく。	巻	音は、カン(巻頭・圧巻)
247	モウハツを明るい色に染める。	毛髪	誤 毛髮
248	努力が水のアワとなる。	泡	誤 抱・砲
249	ケイジ裁判を傍聴する。	刑事	対義 民事
250	物事をジュウナンに考える。	柔軟	柔も軟も「やわらかい」

11 漢字の書き⑪

▼——線のカタカナを漢字に直しなさい。

番号	問題	解答	ワンポイント
251	飛行機の後方には垂直**ビヨク**がある。	尾翼	翼の部首は、「はね」（羽）
252	水不足のため、苗が**カ**れる。	枯	枯の音は、コ（枯死・栄枯盛衰）
253	彼は**ヨク**が深い人物だ。	欲	訓は、ほ（しい）
254	**ヤマハダ**が削られていく。	山肌	肌の部首は、「にくづき」（月）
255	**カフン**が洋服に付着する。	花粉	誤 花紛×
256	他人に気を**ユル**すな。	許	音は、キョ（許可・特許）
257	これは**カンタン**な問題だ。	簡単	対義 複雑
258	目を**ウタガ**うような不思議な光景。	疑	音は、ギ（疑問・質疑）
259	エネルギーの節約に**ツト**める。	努	同訓異字 務める・勤める
260	**ナミダ**があふれるのを止められなかった。	涙	部首は、「さんずい」（氵）
261	**ケイザイ**は回復傾向にある。	経済	誤 経剤×

獲得ポイント P

トライ1 /25

トライ2 /25

番号	問題	解答	解説
262	水不足のため、市民に節水を**ヨ**びかける。	呼	音は、コ（呼応・点呼）
263	川の水は**タ**えず流れていく。	絶	少しも途切れないこと
264	**トウダイ**の明かりが暗い海を照らす。	灯台	灯は、「明かり・ともしび」
265	**カ**の鳴くような声で話す。	蚊	蚊は虫なので「むしへん」（虫）
266	住宅街に大**テイタク**が並ぶ。	邸宅	邸も宅も「家・やしき」
267	農業を**イトナ**む。	営	二画目は立てない
268	皆の前で意見を**ノ**べる。	述	音は、ジュツ（述語・著述）
269	文化祭で、彼女の演技は好評を**ハク**した。	博	右上部には、点がつく
270	この作品は名作の**ホマ**れが高い。	誉	音は、ヨ（名誉・栄誉）
271	彼は話題の**ホウフ**な人だ。	豊富	豊か、富む
272	人数を**カギ**って入場させる。	限	音は、ゲン（限界・際限）
273	ご飯を茶わんに**モ**りつける。	盛	読み 盛大（せいだい）・繁盛（はんじょう）・盛（さか）ん
274	現金**ユソウ**車が襲われた。	輸送	誤 輪送×
275	学校の**キソク**を守る。	規則	規も則も「手本・きまり」

12 漢字の書き⑫

▼――線のカタカナを漢字に直しなさい。

番号	問題	解答	ワンポイント
276	有名な**チンミ**を食す。	珍味	珍の訓は、めずら(しい)
277	天下**タイヘイ**の世の中をつくる。	泰平	泰の部首は、「したみず」(氺)
278	お**サツ**を両替して小銭にする。	札	誤 礼
279	床上**シンスイ**の被害に遭う。	浸水	誤 侵水×
280	**ワタ**の入ったふとん。	綿	音は、メン(綿花・綿密)
281	他の製品とは**ヒカク**にならないほどの高性能。	比較	比も較も「くらべる」
282	米の**シュウカク**の季節を迎える。	収穫	農作物のとり入れ
283	パーティーで自己**ショウカイ**をする。	紹介	誤 招介×
284	私は寒さに**ビンカン**だ。	敏感	類義 鋭敏 対義 鈍感
285	その件には、口出ししないほうが**ケンメイ**だ。	賢明	誤 堅明×・覧明×
286	インターネットが世界中に**フキュウ**する。	普及	同音異義 不朽の名作・不眠不休

獲得ポイント P

トライ1 /25

トライ2 /25

No.	問題	解答	解説
287	ゴールの**シュンカン**をカメラでとらえる。	瞬間	瞬の部首は、「めへん」(目)
288	夏の強い日差しを**ア**びる。	浴	音は、ヨク(日光浴・浴室)
289	彼の言うことに**ナットク**する。	納得	類義 得心
290	その分野は未開拓の**リョウイキ**だ。	領域	域の部首は、「つちへん」(土)
291	解答の誤りを**シテキ**する。	指摘	誤 指敵×・指適×
292	色合いが**ビミョウ**に違う。	微妙	微は、「ごくわずか・かすか」
293	話が**バクゼン**としてつかみどころがない。	漠然	対義 明確
294	合唱コンクールで最優秀賞を**カクトク**した。	獲得	誤 穫×得
295	目標達成までの**カテイ**を報告する。	過程	同音異義 教育課程
296	目の**サッカク**を利用した絵。	錯覚	錯は「まちがう」、覚は「感じる」
297	これはピカソの**ケッサク**だ。	傑作	傑の右側の上部は舛 対義 駄作
298	はるか**オキ**に出て漁をする。	沖	岸から遠くはなれたところ
299	見かけによらず彼は**エラ**い人だ。	偉	誤 違
300	学生を**タイショウ**にしたアンケート調査。	対象	同音異義 対照的・左右対称

13 漢字の書き ⑬

▼——線のカタカナを漢字に直しなさい。

No.	問題	解答	ワンポイント
301	転んで**クチビル**を切るけがをした。	唇	辰の下に口
302	終点でバスを**オ**りる。	降	音は、コウ(降雪・降車)
303	部屋をきちんと**カタヅ**ける。	片付	片の音は、ヘン(紙片)
304	結婚して**セイ**が変わる。	姓	氏名のうち名字の部分
305	この薬草はすり傷に**キ**く。	効	音は、コウ(効果・効力)
306	**タケガキ**を組み直して修理する。	竹垣	竹を組んだ垣
307	**コウキュウ**でキャッチボールをする。	硬球	対義 軟球
308	激しい**テイコウ**にあう。	抵抗	誤 抵坑×
309	選手への指導を**テッテイ**する。	徹底	誤 撤底×
310	門を大きく**カマ**えて玄関をつくる。	構	音は、コウ(構成・構想)
311	何事も**シンボウ**が必要だ。	辛抱	辛の訓は、から(い)

獲得ポイント P

トライ1 /25

トライ2 /25

LEVEL A LEVEL B LEVEL C

漢字の書き⑬

番号	問題	解答	解説
312	大勢の前で**ハジ**をかく。	恥	音は、チ（恥辱・厚顔無恥）
313	忙しくて時間に**ヨユウ**がない。	余裕	裕の部首は、「ころもへん」（衤）
314	事実を**コチョウ**して伝える。	誇張	誇の訓は、ほこ（る）
315	美しい**カンキョウ**を維持する。	環境	誤 還×境
316	物事をあまり**タンジュン**にとらえてはいけない。	単純	対義 複雑
317	出会いはまったくの**グウゼン**だった。	偶然	誤 遇×然・隅×然
318	友人を音楽会に**サソ**う。	誘	音は、ユウ（誘惑・勧誘）
319	ハトは平和の**ショウチョウ**とされている。	象徴	誤 象微×
320	国民の意見を政治に**ハンエイ**させる。	反映	反射してうつることからきた
321	その提案には**ミリョク**がない。	魅力	誤 魂×力・塊×力
322	電化製品の**ホショウ**書をしまっておく。	保証	同音異義 安全保障・損害補償
323	記憶力が**オトロ**える。	衰	下部は𧘇
324	解決の方法を**シサ**する。	示唆	それとなく気づかせること
325	つめをかむのは彼の**クセ**だ。	癖	部首は、「やまいだれ」（疒）

LEVEL A

14 漢字の書き⑭

▼ ――線のカタカナを漢字に直しなさい。

番号	問題	解答	ワンポイント
326	脳は複雑な**キノウ**を持つ。	機能	ものの働き。作用
327	冬の**ケハイ**を感じる。	気配	読みも頻出
328	庭に生い**シゲ**った草をむしる。	茂	音は、モ（繁茂）
329	この地域の人口は**ゼンゲン**している。	漸減	漸は、「次第に」
330	世の中から**マッサツ**される。	抹殺	抹の部首は、「てへん」（扌）
331	念願の第一子を**サズ**かる。	授	音は、ジュ（教授・授受）
332	奥歯にものが**ハサ**まったような言い方。	挟	誤 狭
333	今日の天気は晴れのち**クモ**りだ。	曇	音は、ドン（曇天）
334	命を**ソマツ**にしてはいけない。	粗末	誤 祖×末
335	実行に移すように**ウナガ**す。	促	読みも頻出
336	今日の暑さはとても**ガマン**できない。	我慢	誤 我漫×

獲得ポイント P

トライ1 /25

トライ2 /25

LEVEL A LEVEL B LEVEL C

漢字の書き ⑭

番号	問題	解答	解説
337	一家の**セイケイ**を支える。	生計	日々の暮らし
338	**サクサン**のつんとしたにおいがする。	酢酸	酢の訓は、す
339	あらゆる分野を**モウラ**している。	網羅	網の訓は、あみ
340	ぬかるみを**サ**けて通る。	避	音は、ヒ(避難・逃避)
341	彼女の死は世界中に**ショウゲキ**を与えた。	衝撃	誤 衡撃×
342	この犬は**ジュンスイ**な秋田犬だ。	純粋	粋の部首は、「こめへん」(米)
343	民主主義の**ガイネン**について論じる。	概念	誤 慨念×・既念×
344	議長は五か国語を**アヤツ**る。	操	音は、ソウ(操作・操業)
345	壁の穴をセメントで**ウ**める。	埋	音は、マイ(埋没・埋蔵)
346	それは思春期の一時的な**ゲンショウ**だ。	現象	象に「にんべん」をつけない
347	見事な演技に**カンシン**する。	感心	同音異義 関心事・歓心を買う
348	彼の意見に**イギ**を唱える。	異議	誤 異義×
349	国の**ハンエイ**を願う。	繁栄	対義 衰退
350	相手の**イト**を見抜いて先回りする。	意図	類義 意向

15 漢字の書き ⑮

▼——線のカタカナを漢字に直しなさい。

番号	問題	解答	ワンポイント
351	寒い冬の朝に**シモバシラ**が立つ。	霜柱	霜の部首は、「あめかんむり」(⻗)
352	給料が**ブアイ**制で支払われる。	歩合	ほかの音は、ホ(歩行・散歩)
353	私の兄は、**チンタイ**マンションに住んでいる。	賃貸	貸の訓は、か(す)
354	弟がパズルに**ボットウ**している。	没頭	ある物事に夢中になること
355	**カク**兵器を根絶すべきだ。	核	部首は、「きへん」(木)
356	その案は**ケントウ**に値する。	検討	誤 険×討/検は、「調べる」
357	今日の先生は**キゲン**が悪そうだ。	機嫌	誤 気×嫌
358	初孫の**タンジョウ**を喜ぶ。	誕生	誕の部首は、「ごんべん」(言)
359	窮地に**オチイ**る。	陥	音は、カン(陥落・欠陥)
360	あの人の話はいつも長くて**タイクツ**だ。	退屈	退の訓は、しりぞ(く)
361	幸福な**ショウガイ**を送る。	生涯	涯は、「果て・限り」

獲得ポイント P

トライ1 /25

トライ2 /25

番号	問題	解答	解説
362	一瞬の油断が敵の**シンニュウ**を招いた。	侵入	誤 浸入×／他の領域に不法に入る
363	食品の原産国を**タシ**かめる。	確	送りがなに注意
364	**コウリョウ**とした原野に立つ。	荒涼	荒れ果ててさびしい様子
365	**ガンカ**に広がる絶景に息をのむ。	眼下	同音異義 眼科医
366	ガス**モ**れ警報器をつける。	漏	音は、ロウ(漏水)
367	不審な人物を**ジンモン**する。	尋問	尋の訓は、たず(ねる)
368	自衛隊の出動を**ヨウセイ**する。	要請	願い求めること
369	円をドルに**カ**える。	換	音は、カン(交換・換気)
370	国家間での**コウショウ**が始まる。	交渉	渉の部首は、「さんずい」(氵)
371	努力の結果を**タンテキ**に物語っている。	端的	誤 単的×／はっきりとよくわかる
372	そのことは**シュウチ**の事実だ。	周知	誤 週知× 同音異義 衆知を集める
373	身の安全を**ホショウ**する。	保障	保の訓は、たも(つ)
374	夏は電力の**ジュヨウ**が伸びる。	需要	誤 需用× 対義 供給
375	多数の市民が戦争の**ギセイ**となった。	犠牲	どちらも「うしへん」(牜)

LEVEL A

16 漢字の書き⑯

▼——線のカタカナを漢字に直しなさい。

番号	問題	解答	ワンポイント
376	**ジントウ**で指揮を執る。	陣頭	陣は、「一団・団体」
377	見たいテレビ番組を**ロクガ**しておく。	録画	誤 緑×画
378	貴重な時間を**サ**いて会っていただく。	割	ほかの訓は、わ(る)
379	**ミサキ**からは遠くの海まで見渡せる。	岬	部首は、「やまへん」(山)
380	欠品による**ソンシツ**を計算する。	損失	損ない、失う
381	知力と体力を**アワ**せ持っている。	併	音は、ヘイ(併設・合併)
382	ボートが三**セキ**浮かんでいる。	隻	誤 隻×
383	液体の表面に**ユマク**ができる。	油膜	膜の部首は、「にくづき」(月)
384	**シンケン**なまなざしで話を聞いている。	真剣	誤 真倹×・真険×
385	彼の意見には**ムジュン**する点が多い。	矛盾	盾の下部は目
386	鉄棒を強く**ニギ**る。	握	音は、アク(把握・掌握)

獲得ポイント P

トライ1 /25

トライ2 /25

番号	問題	解答	解説
387	放置自転車が通行を**サマタ**げる。	妨	誤 防／音は、ボウ（妨害）
388	友人に**ハゲ**まされる。	励	音は、レイ（励行・激励）
389	耳を**ス**まして風の音を聞く。	澄	読み 清澄（せいちょう）・上澄（うわず）み
390	丘の上から町並みを**ナガ**める。	眺	音は、チョウ（眺望）
391	**ソナ**えあれば憂いなし	備	同訓異字 花を供える
392	伝記を読んで**カンメイ**を受ける。	感銘	銘の部首は、「かねへん」（金）
393	新しい製品の**メイショウ**を決める。	名称	同音異義 名勝地・名将の言行録
394	空が厚い雲で**オオ**われている。	覆	上部は覀で、西ではない
395	来客にお茶を**スス**める。	勧	同訓異字 進める・薦める
396	ハードディスクに**キオク**させる。	記憶	誤 記億× 対義 忘却
397	過去の光景が**アザ**やかによみがえる。	鮮	部首は、「うおへん」（魚）
398	事件の**ショウコ**を探す。	証拠	拠の部首は、「てへん」（扌）
399	彼の語学力は教師に**ヒッテキ**する。	匹敵	誤 匹適×・匹摘×
400	世の中の**フウチョウ**に逆らう。	風潮	潮は、「しお・時世の流れ」

LEVEL A

17 漢字の書き ⑰

▼――線のカタカナを漢字に直しなさい。

番号	問題	解答	ワンポイント
401	キョクチ的に大雨が降る。	局地	誤 極地
402	ホウキュウを与える。	俸給	俸の部首は、「にんべん」（亻）
403	市内のボウショにおいて、ひそかに行う。	某所	某の部首は、「き」（木）
404	センケン隊として現場に行く。	先遣	遣の訓は、つか（わす・う）
405	先生に作文をテンサクしてもらう。	添削	誤 点削
406	職権をランヨウしてはいけない。	濫（乱）用	濫の部首は、「さんずい」（氵）
407	企業のダツゼイを取り締まる。	脱税	誤 脱悦
408	彼女はイゼンとして誤りを認めない。	依然	もとのまま 同音異義 明治以前
409	ピアノの発表会でキンチョウする。	緊張	緊は、「ぴんと張ったさま」
410	好奇心にカられる。	駆	同訓異字 草を刈る・鹿を狩る
411	テイネイな言葉づかいをする。	丁寧	寧は、「やすらかに落ち着く」

獲得ポイント P

トライ 1 ／25

トライ 2 ／25

412	花の美しさに目を**ウバ**われた。	奪	音は、ダツ（奪回・略奪）
413	事件の**リンカク**が明らかになる。	輪郭	郭の部首は、「おおざと」（阝）
414	目標に**トウタツ**する。	到達	誤 倒×達
415	売り上げが**ヒヤク**的に伸びる。	飛躍	躍の部首は、「あしへん」（⻊）
416	日本人としての**ホコ**りを持つ。	誇	音は、コ（誇張・誇示）
417	**コンナン**に立ち向かう。	困難	誤 因×難
418	相手の感情を**シゲキ**する。	刺激	刺の左側は朿
419	何事も**ジッセン**することが大切だ。	実践	同音異義 実戦経験
420	床にじゅうたんを**シ**きつめる。	敷	左側の右上部には、点がつく
421	美しい**モヨウ**のカーテン。	模様	どちらも「きへん」（木）
422	自然の**オンケイ**を受ける。	恩恵	恵の右上部には、点なし
423	新入生を**ムカ**える準備をする。	迎	音は、ゲイ（歓迎・迎合）
424	入り口のボタンを**オ**す。	押	同訓異字 会長に推す
425	潮の香りが**タダヨ**う。	漂	音は、ヒョウ（漂流・漂着）

LEVEL A

18 漢字の書き⑱

▼――線のカタカナを漢字に直しなさい。

番号	問題	解答	ワンポイント
426	**ジュキョウ**が日本に伝えられる。	儒教	儒の部首は、「にんべん」(亻)
427	**イ**の中の蛙(かわず)にすぎない。	井	読み 天井(てんじょう)・市井(しせい)
428	事業がようやく**キドウ**に乗る。	軌道	軌の部首は、「くるまへん」(車)
429	才能があるにもかかわらず、**メ**を摘まれる。	芽	音は、ガ(発芽・麦芽)
430	**ブンセキ**資料を配布する。	分析	誤 分折×
431	生意気な態度が**ハラダ**たしい。	腹立	腹の音は、フク(腹痛・腹案)
432	**タイヨ**された制服を着る。	貸与	貸し与える
433	**ハイク**には季語を取り入れる。	俳句	誤 排×句
434	彼は町の発展に大いに**コウケン**した。	貢献	類義 寄与/読みも頻出
435	それは**フヘン**的に認められた法則といえる。	普遍	普も遍も「いきわたる」
436	**ヒタイ**に汗して働く。	額	音は、ガク(金額・額縁)

獲得ポイント P

トライ1 /25

トライ2 /25

番号	問題	答え	解説
437	風がやんで、波も**オダ**やかになった。	穏	誤 隠
438	**ゼンテイ**条件が崩れる。	前提	誤 前定×
439	**タク**みな話術に引き込まれる。	巧	右側の丂の画数は二画
440	弟に伝言を**タク**す。	託	ことづける。かこつける
441	**コドク**な生活を送る。	孤独	孤の瓜の部分は六画
442	十年来の思いを**ト**げることができた。	遂	誤 逐
443	彼はそのことに**ヘンケン**があるようだ。	偏見	偏った見方
444	水害に備えて堤防を**コウチク**する。	構築	構え、築く
445	**イコ**いのひとときを過ごす。	憩	音は、ケイ(休憩)
446	ライバルたちは彼の才能に**キョウイ**を感じた。	脅威	脅の訓は、おど(す)・おびや(かす)
447	断られるのを**カクゴ**で頼んでみる。	覚悟	覚も悟も「さとる」
448	大気**オセン**が社会問題になる。	汚染	汚れに染まる
449	他国の内政に**カンショウ**する。	干渉	同音異義 観賞・感傷・鑑賞
450	自分の欲望を**セイギョ**する。	制御	誤 製×御

19 漢字の書き⑲

▼――線のカタカナを漢字に直しなさい。

番号	問題	解答	ワンポイント
451	**コッキ**を持って入場行進する。	国旗	旗の訓は、はた
452	目的地までの**キョリ**を調べる。	距離	距の右側を臣としない
453	正月のしめ**ナワ**を作る。	縄	音は、ジョウ（縄文・自縄自縛）
454	季節が変わり、**コロモガ**えをする。	衣替	誤 衣変×
455	**ザンジ**休憩に入る。	暫時	誤 漸×次×
456	護岸工事の必要性を**ト**く。	説	説明する
457	五年ぶりに日本記録を**コウシン**した。	更新	更の訓は、さら
458	壁にペンキを**ヌ**る。	塗	音は、ト（塗料・塗装）
459	アイディアが**ノウリ**にひらめく。	脳裏	裏の訓は、うら
460	**チツジョ**を乱す行動をしてはならない。	秩序	物事の正しい順序、筋道
461	雨が降り**ソソ**ぐ。	注	音は、チュウ（注文・脚注）

獲得ポイント P

トライ1 /25

トライ2 /25

番号	問題	解答	解説
462	権利を有するとともに義務を**オ**う。	負	ほかの訓は、ま(ける)
463	十年ぶりに母校を**タズ**ねる。	訪	同訓異字 駅への道を尋ねる
464	夏の夜に**ホタル**の光を観賞する。	蛍	音は、ケイ(蛍光)
465	**シュクサイジツ**は休業している。	祝祭日	祝の訓は、いわ(う)
466	別れのつらさに**タ**える。	耐	音は、タイ(耐久力・忍耐)
467	小説の**ゲンコウ**をメールで送る。	原稿	類義 草稿
468	**コウカイ**先に立たず	後悔	誤 後侮×
469	実験は成功を**オサ**めた。	収	同訓異字 納める・治める・修める
470	**アマデラ**に入って修行する。	尼寺	尼の音は、ニ(尼僧)
471	大地が雨で**ウルオ**う。	潤	右側の内部は王/読みも頻出
472	彼女の瞳はとても**インショウ**的だ。	印象	誤 印像×
473	旅の無事を**イノ**る。	祈	音は、キ(祈願・祈念)
474	水不足が一段と**シンコク**になった。	深刻	刻の訓は、きざ(む)
475	危機を予想し、**ケイカイ**する。	警戒	警は、敬と言

20 漢字の書き⑳

▼——線のカタカナを漢字に直しなさい。

番号	問題	解答	ワンポイント
476	**ショウボウショ**に通報する。	消防署	誤 消防所×／署は、「役所」
477	大都市の摩天**ロウ**。	楼	高い建物
478	競走馬に**キジョウ**する。	騎乗	誤 騎上×
479	大学に**セキ**を残して留学する。	籍	誤 席
480	議会で**ドゴウ**が飛び交う。	怒号	大声でどなること
481	土地の**バイバイ**契約を交わす。	売買	誤 買×売×
482	**セイオウ**諸国の文化を取り入れる。	西欧	欧は、「ヨーロッパ」
483	これがあれば鬼に**カナボウ**だ。	金棒	棒の部首は、「きへん」（木）
484	**カク**れた才能を見つける。	隠	音は、イン（隠謀・隠居）
485	将来に備えて資本を**チクセキ**する。	蓄積	誤 畜×積
486	犯人を**ケンメイ**に追いかける。	懸命	命を懸ける

獲得ポイント P

トライ1 ／25

トライ2 ／25

漢字の書き ⑳

番号	問題	解答	解説
487	強力な**ハカイ**力を持つミサイル。	破壊	同音異義 破戒 対義 建設
488	母の説教には**ヘイコウ**した。	閉口	同音異義 平行・並行・平衡
489	**ジョウダン**にも程がある。	冗談	冗は、「むだ」
490	英語に**ホンヤク**する。	翻訳	翻の訓は、ひるがえ(す)
491	小鳥をかごの中で**カ**う。	飼	音は、シ(飼育・飼料)
492	食欲を**ヨクセイ**する。	抑制	類義 抑止
493	委員会の決定に**シタガ**う。	従	対義 逆らう
494	木の葉が風に**ユ**れる。	揺	音は、ヨウ(動揺)
495	他人に**メイワク**をかけてはいけない。	迷惑	惑の訓は、まど(う)
496	彼の**ケンキョ**な人柄が好かれている。	謙虚	誤 嫌虚×
497	温室で野菜を**サイバイ**する。	栽培	草木を植え(栽)て、培(つちか)う
498	新製品が市場に**シントウ**し始める。	浸透	誤 侵透×
499	市内を**ジュンカン**するバスが走っている。	循環	循の右側は盾
500	新しい時代を**キズ**く。	築	音は、チク(建築・構築)

LEVEL A

21 漢字の書き㉑

▼——線のカタカナを漢字に直しなさい。

No.	問題	解答	ワンポイント
501	**サンバシ**に船をつける。	桟橋	誤 浅×橋
502	戦争の終結を**センゲン**する。	宣言	表明すること
503	日本酒を**ジョウゾウ**する。	醸造	醸の訓は、かも(す)
504	**トウ**がらしを効かせた料理。	唐	中国の古い国名
505	蚕のまゆから**キヌイト**をつむぐ。	絹糸	絹の音は、ケン(正絹(しょうけん))
506	**ケイタイ**電話を使う。	携帯	携え帯びる→身につけ持ち運ぶ
507	彼の権力欲は**ア**くことを知らない。	飽	音は、ホウ(飽食・飽和)
508	虫歯を**チリョウ**する。	治療	療の部首は、「やまいだれ」(疒)
509	個人の自由が民主主義の**コンテイ**を成す。	根底	類義 根本
510	とめどなく降り**ツ**もる雪。	積	音は、セキ(積雪・面積)
511	漢字を**ク**り返し練習する。	繰	反復する

獲得ポイント P

トライ1 /25

トライ2 /25

番号	問題	解答	解説
512	**カンユウ**されて野球部に入部した。	勧誘	誤 歓×誘／勧めて誘う
513	まず**キソ**を固めることが先決だ。	基礎	基も礎も「土台・よりどころ」
514	父は物理学の**キョウジュ**だ。	教授	同音異義 自由を享受する
515	長時間におよぶ大**シュジュツ**。	手術	術の五画目は、はねない
516	我が家は**ジョケイ**家族だ。	女系	誤 女係×
517	臓器を**イショク**する。	移植	「植物を植えかえる」が原義
518	行く春を**オ**しむ。	惜	誤 借・措
519	卒業記念に苗木を**オク**る。	贈	同訓異字 合図を送る
520	テーブルに花を**カザ**る。	飾	音は、ショク(修飾・虚飾)
521	自信**カジョウ**になると失敗する。	過剰	類義 過多
522	合格の知らせを聞いて、**カンキ**の声を上げた。	歓喜	同音異義 換気・喚起・寒気
523	晴天が続き、地面が**カンソウ**する。	乾燥	誤 乾操×
524	文化祭の**キカク**を話し合う。	企画	企の訓は、くわだ(てる)
525	**ヨウチ**園に送迎する。	幼稚	幼も稚も「おさない」

LEVEL A

22 漢字の書き㉒

▼——線のカタカナを漢字に直しなさい。

番号	問題	解答	ワンポイント
526	病原**キン**を追い払う。	菌	誤 菌×・歯×
527	電化**セイヒン**の取扱説明書を読む。	製品	誤 制品×
528	**タワラ**型のおにぎりを作る。	俵	部首は、「にんべん」（亻）
529	**サギ**の容疑で連行される。	詐欺	欺の訓は、あざむ(く)
530	音楽の時間に**モッキン**を習う。	木琴	琴の訓は、こと(大正琴)
531	救命**ドウイ**をつけて船に乗る。	胴衣	胴の部首は、「にくづき」（月）
532	おこづかいを**ケンヤク**する。	倹約	誤 検約×・険約×
533	値が高くて、**ショミン**には手が出ない。	庶民	類義 大衆・民衆
534	外に出て**シンセン**な空気を吸う。	新鮮	鮮の訓は、あざ(やか)
535	**コウゲキ**は最大の防御なり。	攻撃	撃の上部は車と殳
536	多くの**ショウガイ**を乗り越えて進む。	障害	同音異義 傷害事件・生涯教育

獲得ポイント P

トライ1 /25

トライ2 /25

番号	問題	答え	解説
537	**トナリ**の町から引っ越してくる。	隣	読み 隣人(りんじん)・隣(とな)る
538	母は勘が**スルド**い。	鋭	対義 鈍い
539	**ジュウオウ**に走り回る子どもたち。	縦横	誤 従×横 類義 自由自在
540	相手の**ジョウキョウ**を推し測る。	状(情)況	況は、「様子・ありさま」
541	景気は**ジョジョ**に悪化している。	徐徐(々)	誤 除×除×
542	時計が時を**キザ**む音が聞こえる。	刻	部首は、「りっとう」(刂)
543	手を**フ**れてはいけません。	触	音は、ショク(触媒・感触)
544	茶わん**サンバイ**分のご飯を食べる。	三杯	杯の部首は、「きへん」(木)
545	昨日の出来事を**クワ**しく伝えた。	詳	音は、ショウ(詳細・不詳)
546	クラス全員の写真を**ト**ってもらう。	撮	音は、サツ(撮影)
547	**トクシュ**な形の入れ物。	特殊	対義 一般・普遍
548	決勝戦で実力を**ハッキ**した。	発揮	誤 発輝×
549	ぞうきんを**シボ**る。	絞	同訓異字 牛の乳を搾る
550	火の**シマツ**をきちんとする。	始末	片付けること。悪い結果

23 漢字の書き㉓

▼——線のカタカナを漢字に直しなさい。

番号	問題	解答	ワンポイント
551	日中は**シガイセン**が多い。	紫外線	紫の訓は、むらさき
552	**アエン**を用いて化合物を作る。	亜鉛	鉛の訓は、なまり
553	詩の**ロウドク**は難しい。	朗読	誤 郎×読
554	**ニュウ**製品にはカルシウムが多く含まれる。	乳	訓は、ちち・ち
555	高速道路の渋滞が**カンワ**される。	緩和	緩の訓は、ゆる(める)
556	調理中は**カンキセン**を回そう。	換気扇	扇の訓は、おうぎ
557	花の**カオ**りがかぐわしい。	香	音は、コウ(線香・香水)
558	新しく**フニン**した先生。	赴任	赴の訓は、おもむ(く)
559	障害物を**ハイジョ**する。	排除	誤 拝×除・俳×除
560	科学の新分野を**カイタク**する。	開拓	開も拓も「ひらく」
561	石油資源の大部分を輸入に**イソン**している。	依存	ほかに頼って成り立つこと

獲得ポイント

トライ1 /25

トライ2 /25

漢字の書き㉓

番号	問題	答え	解説
562	**ムナサワ**ぎを感じて急いで家に帰る。	胸騒	胸の音は、キョウ（胸中・度胸）
563	**モウレツ**な勢いで突進する。	猛烈	猛の右側は子と皿
564	**ユカイ**な人物に会う。	愉快	どちらも「りっしんべん」（忄）
565	腹が減って**ウ**え死にしそうだ。	飢	音は、キ（飢餓（きが））
566	高校に合格して**ウチョウテン**になる。	有頂天	誤 宇×頂点×
567	公会堂の落成を**イワ**う。	祝	誤 呪・祝
568	町の有力者に**セッショク**する。	接触	触の部首は、「つのへん」（角）
569	**エモノ**を取り逃がす。	獲物	獲は動物をとるから「けものへん」
570	**オドロ**きのあまり声も出なかった。	驚	音は、キョウ（驚嘆・驚異的）
571	病気と**イツワ**って会合を欠席する。	偽	音は、ギ（偽装・偽善）
572	毎日の散歩を自分に**カ**する。	課	同訓異字 罰金を科する
573	大は小を**カ**ねるので、このかばんにしよう。	兼	音は、ケン（兼業・兼任）
574	交通安全の**ヒョウゴ**を募集する。	標語	標は、「しるし・目じるし」
575	経済の成長が**ニブ**る。	鈍	音は、ドン（鈍感・愚鈍）

LEVEL A

24 漢字の読み ①

▼——線の漢字の読み方を書きなさい。

番号	問題	解答	ワンポイント
576	みんなが**納得**のいく説明を求める。	なっとく	類義 得心・合点
577	健康を**維持**するため、運動をする。	いじ	物事をそのままの状態で保つこと
578	電子の**概念**を説明する。	がいねん	考えのまとまり。おおよそのところ
579	勉強の成果が**顕著**に成績に表れた。	けんちょ	際(きわ)立っていること。目立つこと
580	薬のおかげで痛みが**緩和**された。	かんわ	ゆるめ、やわらげること
581	けがを**克服**して試合に復帰する。	こくふく	困難に打ち勝つこと
582	言葉**巧**みに相手をだます。	たく	音は、コウ(巧妙・技巧)
583	山登りの最中に、タヌキと**遭遇**する。	そうぐう	ふいに出くわすこと
584	悲しい最期を**遂**げた武将の物語。	と	音は、スイ(未遂・遂行)
585	自分の出した答えを**慎重**に確かめる。	しんちょう	注意深い様子
586	海外作家の小説を**翻訳**する。	ほんやく	ある国の言葉を他国の言葉に直すこと

獲得ポイント P

トライ1 /25

トライ2 /25

番号	問題	読み	意味
587	熱がないか、**額**に手をあててみる。	ひたい	音は、ガク(額面・定額)
588	地震で古い建物が**崩壊**する。	ほうかい	壊の訓は、こわ(す)
589	逃げ出したい**衝動**に駆られる。	しょうどう	突然何かをしたくなる激しい気持ち
590	時間がないので、**妥協**せざるを得ない。	だきょう	相互に折り合いをつけること
591	先生は質問に**丁寧**に答えてくれた。	ていねい	心がこもっている様子
592	私の投書が新聞に**掲載**された。	けいさい	新聞や雑誌に文章などを載せること
593	話を聞いて、**素朴**な疑問が生まれる。	そぼく	読み 素顔(すがお)・素人(しろうと)
594	書類の**体裁**を整える。	ていさい	外から見た様子。他人の見た感じ
595	一点を**凝視**する。	ぎょうし	じっと見つめること
596	急ぎの対応を**強**いられる。	し	読み 強制(きょうせい)・強引(ごういん)・強(つよ)い
597	**既成**事実と見なされる。	きせい	既に出来上がっていること
598	後ほど**詳細**についてお話しします。	しょうさい	詳しく、細かいこと
599	**辛抱**を重ねてこそ大成する。	しんぼう	つらいことをこらえ耐え忍ぶこと
600	感情を**抑**えて話し合う。	おさ	音は、ヨク(抑止・抑圧)

LEVEL A

25 漢字の読み②

▼ ――線の漢字の読み方を書きなさい。

番号	問題	解答	ワンポイント
601	世紀の**傑作**との呼び声高い絵画。	けっさく	優れて出来映えのよい作品
602	父は仕事で海外に**赴任**する。	ふにん	仕事で命じられた土地へ行くこと
603	筋肉を**鍛**える。	きた	音は、タン（鍛錬）
604	練習を**怠**ったので、試合で負けた。	おこた	音は、タイ（怠惰・怠慢）
605	**厄介**なことは後回しにする。	やっかい	類義 面倒
606	毎日を**平穏**無事に過ごす。	へいおん	特に変わったことのない様子
607	配送員が荷物を**抱**えて走っていく。	かか	音は、ホウ（抱負・抱擁）
608	道徳的に許されない行いを**嫌悪**する。	けんお	憎み嫌うこと
609	お金に**執着**するのは見苦しい。	しゅうちゃく（じゃく）	強く心を引かれ、こだわること
610	午後から天気が**崩**れるという予報だ。	くず	音は、ホウ（崩御・崩壊）
611	この絵は、作家の人生観が**凝縮**されている。	ぎょうしゅく	まとまること

獲得ポイント P

トライ1 /25

トライ2 /25

0 500 1000 1500 2000 2500 3000 GOAL

LEVEL A
LEVEL B
LEVEL C

漢字の読み②

番号	問題	読み	意味
612	みんなの前で手品を**披露**する。	ひろう	広く世間に知らせること
613	**膨大**なデータを管理する。	ぼうだい	分量が多い様子
614	最後まで自分の意見を**貫**く。	つらぬ	音は、カン（貫徹・貫通）
615	悪い仲間とは**関**わらないほうがいい。	かか	音は、カン（関係・玄関）
616	駅の**雑踏**で友達を見かけた。	ざっとう	人で混み合っていること
617	この成績では、監督の**更迭**もやむなしだ。	こうてつ	ある役職についている人が替わること
618	母の田舎に**帰省**する。	きせい	故郷に帰ること
619	秋の**風情**を楽しむ。	ふぜい	味わいのある様子。おもむき
620	運命に身を**委**ねる。	ゆだ	音は、イ（委任・委曲）
621	問題を**円滑**に処理する。	えんかつ	物事が滑らかに進行すること
622	協調の精神を**培**う。	つちか	音は、バイ（栽培・培養）
623	これは**不朽**の名作だ。	ふきゅう	いつまでもなくならず残ること
624	多大な損害を**被**った。	こうむ	音は、ヒ（被害・被告）
625	道の**傍**らに立つ看板。	かたわ	音は、ボウ（傍観・傍若無人）

LEVEL A

26 漢字の読み③

▼――線の漢字の読み方を書きなさい。

番号	問題	解答	ワンポイント
626	その職人は仕上げに**凝**る。	こ	音は、ギョウ（凝固・凝視）
627	経済は**著**しい成長を見せる。	いちじる	音は、チョ（著作・顕著）
628	子どもの**健**やかな成長を見守る。	すこ	健康である様子
629	歴史が時を**刻**む。	きざ	音は、コク（時刻・刻印）
630	**鮮**やかな色使いに目を奪われる。	あざ	美しくはっきりしている様子
631	将来は教育に**携**わりたい。	たずさ	関係する。従事する
632	クラスの期待を**担**う。	にな	音は、タン（担当・担保）
633	彼は**朗**らかに歌を歌う。	ほが	性格や表情が晴れやかな様子
634	廊下で先生に**会釈**する。	えしゃく	軽く頭を下げ、おじぎをすること
635	彼は**柔和**な笑顔で私を迎えた。	にゅうわ	柔のほかの音は、ジュウ（柔軟）
636	ホテルのおいしい食事を**満喫**した。	まんきつ	十分に味わい、満足すること

獲得ポイント

トライ1 　/25

トライ2 　/25

LEVEL A　LEVEL B　LEVEL C

0　500　1000　1500　2000　2500　3000　GOAL

漢字の読み③

番号	問題	読み	意味・解説
637	創刊号の**巻頭**をカラーページで飾る。	かんとう	書物などの始め　対義 巻末
638	**婚姻**届を役所に提出する。	こんいん	法律上、男女が結婚すること
639	空き家の庭に雑草が**茂**る。	しげ	音は、モ(繁茂)
640	論文を専門家に**英訳**してもらう。	えいやく	ある言語を英語に訳すこと
641	空が暗くなり、**雷鳴**がとどろく。	らいめい	雷の鳴り響く音
642	湿気で本の表紙が**反**る。	そ	読み 反対(はんたい)・反物(たんもの)・謀反(むほん)
643	柳の枝が**垂**れて風に揺られる。	た	音は、スイ(垂直・懸垂)
644	指輪を磨いて**光沢**を出す。	こうたく	表面のつや
645	軒先にすずめが**連**なってとまっている。	つら	音は、レン(連立・連隊)
646	公平な立場に立って**裁**く。	さば	読み 裁判(さいばん)・裁(た)つ
647	神棚に向かい、手を合わせて**拝**む。	おが	音は、ハイ(参拝・拝啓)
648	辺り一面、雪で**覆**われていた。	おお	音は、フク(覆面・転覆)
649	漠然とした不安が**募**る。	つの	以前より激しくなる
650	母との思い出に**浸**る。	ひた	音は、シン(浸水・浸透)

LEVEL A

27 漢字の読み④

▼ ――線の漢字の読み方を書きなさい。

No.	問題	解答	ワンポイント
651	友人の親切に心が**和**む。	なご	気持ちがやわらぐ
652	急な用事で仕事が**滞**る。	とどこお	物事が遅れて、はかどらない
653	祭りの**太鼓**が鳴り響く。	たいこ	打楽器の一つ
654	夫婦で商店を**営**む。	いとな	経営する。従事する
655	募金を集めるためにイベントを**催**す。	もよお	音は、サイ(開催・催促)
656	**緊密**な連絡体制をとる。	きんみつ	関係が密接なこと
657	非常時に備えて水を**蓄**える。	たくわ	音は、チク(蓄財・蓄積)
658	受賞後の彼は**多忙**を極めている。	たぼう	仕事が多く、忙しいこと
659	スーツケースに荷物を**詰**める。	つ	音は、キツ(詰問)
660	旅行会社から**旅程**表が届く。	りょてい	旅の日程
661	山を切り開いて**縦貫**道を建設する。	じゅうかん	貫の訓は、つらぬ(く)

獲得ポイント P

トライ1 /25

トライ2 /25

番号	問題	読み	意味・解説
662	上着のほころびを**繕**う。	つくろ	音は、ゼン(修繕・営繕)
663	**快**い返事を期待する。	こころよ	音は、カイ(快勝・愉快)
664	ボランティア活動で地域に**貢献**する。	こうけん	力を尽くして役立つこと
665	会場の**雰囲気**に圧倒される。	ふんいき	誤 ふいんき／場を取り巻く気分
666	**厳**かに儀式が行われる。	おごそ	読み 厳重(げんじゅう)・荘厳(そうごん)
667	度重なる事故に**警鐘**が鳴らされる。	けいしょう	危険を知らせる鐘。戒め
668	山の**頂**から初日の出を拝む。	いただき	音は、チョウ(頂上・登頂)
669	料理の腕に**磨**きをかける。	みが	音は、マ(研磨・磨耗)
670	弓で的を**射**る。	い	音は、シャ(射撃・注射)
671	**酒造**会社で仕事をしている。	しゅぞう	酒をつくること
672	大臣を**歴任**する家系に育つ。	れきにん	次々と官職に任命されること
673	目標を**掲**げて努力する。	かか	音は、ケイ(掲示・掲揚)
674	事件はさまざまな問題を**包含**している。	ほうがん	包み含むこと
675	生徒会の役員**選挙**に立候補する。	せんきょ	投票で代表や役員を選ぶこと

LEVEL A

28 漢字の読み ⑤

▼——線の漢字の読み方を書きなさい。

番号	問題	解答	ワンポイント
676	**竹刀**で素振りの練習をする。	しない	特別な読み方
677	病院で人工**透析**を受ける。	とうせき	人工透析は、血中老廃物の浄化
678	**慣**れない仕事に時間がかかる。	な	音は、カン(慣習・慣性)
679	**涙**がかれるまで泣く。	なみだ	音は、ルイ(感涙・落涙)
680	主将に推薦されるも**固辞**する。	こじ	固く辞退すること
681	**突飛**な行動で周囲を驚かせる。	とっぴ	並外れて変わっている様子
682	新人の提案だが、**傾聴**すべき発言だ。	けいちょう	耳を傾けてよく聞くこと
683	**鍛錬**を重ねて強い体を作り上げる。	たんれん	心身や技を磨くこと
684	仏前に花を**供**える。	そな	読み 提供(ていきょう)・供養(くよう)・子供(こども)
685	人間らしい心が**欠如**している。	けつじょ	欠けて、足りないこと
686	**勝敗**の決め手は彼のゴールだった。	しょうはい	勝ち負け

獲得ポイント

トライ1 /25

トライ2 /25

漢字の読み⑤

No.	問題	読み	解説
687	両親が**呉服**問屋を営む。	ごふく	和服の総称
688	作業員に**寸志**を手渡す。	すんし	少しばかりの贈り物
689	論説文の**要旨**を簡潔にまとめる。	ようし	内容を短くまとめたもの
690	震災後のめざましい**復興**。	ふっこう	衰えたものが再び盛んになること
691	定年後は**嘱託**社員として働く予定だ。	しょくたく	正規ではない仕事を頼むこと
692	詩の行末に**韻**を踏んでいる。	いん	音の響きやしらべ
693	**円陣**を組んで声を掛け合う。	えんじん	人が集まり円形に並ぶこと
694	**渓谷**の紅葉は今が見ごろだ。	けいこく	谷や谷間
695	父の**遺言**を堅く守る。	ゆいごん（いごん）	ほかの音は、イ（遺産・遺失）
696	金と時間を**費**やす。	つい	音は、ヒ（浪費・費用）
697	押し入れには**寝具**一式がそろっていた。	しんぐ	寝るときに使うふとんやまくら
698	仕事を**妨**げないようにする。	さまた	「妨げる」は、邪魔をすること
699	道路工事で、一日中**騒音**が絶えない。	そうおん	騒の訓は、さわ（ぐ）
700	紙袋を**提**げて歩く。	さ	音は、テイ（提案・提出）

LEVEL A

29

漢字の読み⑥

▼——線の漢字の読み方を書きなさい。

番号	問題	解答	ワンポイント
701	身支度を**整**えて出発した。	ととの	音は、セイ(整理・調整)
702	毎朝、**海浜**公園を散歩する。	かいひん	類義 海辺・浜辺
703	日々の健康管理に**努**める。	つと	音は、ド(努力)
704	医師が、**険**しい表情で病状を語る。	けわ	音は、ケン(冒険・危険)
705	国家の**防御**体制を改める。	ぼうぎょ	類義 防衛
706	先生に**薦**められた小説を読む。	すす	音は、セン(推薦・自薦)
707	早くも政党の**派閥**争いが始まった。	はばつ	利害関係によって団結した勢力
708	戦争で多くの**貴**い命が奪われた。	とうと(たっと)	音は、キ(貴金属・高貴)
709	彼は秀才の**誉**れが高い。	ほま	音は、ヨ(名誉)
710	私の心には、ある願望が**潜**んでいた。	ひそ	隠れる 読み 潜水(せんすい)・潜る(もぐ)
711	彼はマラソンで**輝**かしい記録を残した。	かがや	音は、キ(光輝)

獲得ポイント P

トライ1 /25

トライ2 /25

番号	問題	読み	解説
712	隣人は激しい**口調**でまくし立てた。	くちょう	言葉の調子。話し方
713	けが人に応急手当を**施**す。	ほどこ	読み 施設（しせつ）・施術（せじゅつ）
714	**冷**めた紅茶を飲む。	さ	読み 冷却（れいきゃく）・冷（つめ）たい・冷（ひ）や汗（あせ）
715	ぼんやりと外の景色を**眺**める。	なが	音は、チョウ（眺望）
716	急流に岩が**砕**ける。	くだ	音は、サイ（粉骨砕身）
717	感じたことを**率直**に言う。	そっちょく	ありのまま
718	彼が努力家なのは**紛**れもない事実だ。	まぎ	音は、フン（紛争・内紛）
719	新婦は**華**やかなドレスで登場した。	はな	読み 華美（かび）・華厳（けごん）
720	彼の言うことは**矛盾**だらけだ。	むじゅん	つじつまが合わないこと
721	努力のかいあって、**覇者**となった。	はしゃ	競技などの勝者
722	**債務**の処理を請け負う。	さいむ	借金を返す義務
723	**刷**り上がったばかりの朝刊に目を通す。	す	音は、サツ（印刷・刷新）
724	戦争で敵国が**降伏**する。	こうふく	負けて相手の要求に従うこと
725	舞台での**妙技**に拍手が起こる。	みょうぎ	類義 美技

LEVEL A

30 漢字の読み⑦

▼――線の漢字の読み方を書きなさい。

		解答	ワンポイント
726	外国船が港に**停泊**している。	ていはく	いかりを下ろし、船がとまること
727	**沸騰**した湯を冷ましておく。	ふっとう	沸の訓は、わ(く)
728	晴れ着で**着飾**った人でにぎわう。	きかざ	飾の音は、ショク(粉飾・宝飾品)
729	虫歯の**治療**が長引く。	ちりょう	病気やけがを手当てして治すこと
730	有名な画家の**絵画**を手に入れる。	かいが	絵のほかの音は、エ。訓はなし
731	人生の**岐路**に立たされる。	きろ	分かれ道
732	**純朴**な人柄で慕われている。	じゅんぼく	人情が厚くて素朴な感じ
733	倉庫の**扉**を開ける。	とびら	音は、ヒ(門扉(もんぴ)・鉄扉(てっぴ))
734	言葉を**吟味**して使う。	ぎんみ	よく調べること
735	図書館で**蔵書**検索をする。	ぞうしょ	所蔵された書物
736	気持ちを**奮**い立たせて戦う。	ふる	音は、フン(興奮・奮発)

獲得ポイント P

トライ1 /25

トライ2 /25

No.	問題	読み	意味
737	輸出と輸入の**均衡**を保つ。	きんこう	釣り合いが保たれていること
738	幼年時代を**懐**かしむ。	なつ	音は、カイ（懐疑・懐中）
739	垣根を**隔**てて梅の香りが漂ってくる。	へだ	離れる。間においてさえぎる
740	この木は**樹齢**三百年を超える。	じゅれい	木の年齢
741	問題点を**把握**しなさい。	はあく	しっかりと理解すること
742	校庭から生徒たちの**弾**んだ声が聞こえる。	はず	うきうきする
743	恐怖が突然、彼を**襲**った。	おそ	音は、シュウ（襲撃・来襲）
744	会場で前列からの着席を**促**す。	うなが	音は、ソク（催促・促進）
745	十分に練習を積んで、試合に**臨**む。	のぞ	ある場所に出る
746	社会の**恩恵**に浴する。	おんけい	めぐみ。情け
747	火災警報器の音に驚き、**慌**てて飛び出す。	あわ	急なことにまごまごする
748	患者が危篤状態に**陥**る。	おちい	落ち込む。計略にかかる
749	もと来た道を**戻**らなくてはならない。	もど	引き返す。もとの状態になる
750	人形を上手に**操**る。	あやつ	音は、ソウ（体操・操作）

LEVEL A

31 漢字の読み ⑧

▼ ──線の漢字の読み方を書きなさい。

番号	問題	解答	ワンポイント
751	合格**祈願**の絵馬をかける。	きがん	神仏に祈り願う
752	遅刻の理由を**述**べる。	の	音は、ジュツ(叙述・述語)
753	異国の地に**嫁**ぐ。	とつ	読み 転嫁(てんか)・兄嫁(あによめ)
754	図書館で借りた本を**返却**する。	へんきゃく	借りた物を返すこと
755	**器**に料理を盛りつける。	うつわ	音は、キ(食器・機器)
756	いつまでも意地を**張**っていてはだめだ。	は	音は、チョウ(緊張・拡張)
757	話を**遮**るように電話がかかってきた。	さえぎ	音は、シャ(遮断・遮光)
758	このうえない**恥辱**を受ける。	ちじょく	はずかしめ。はじ
759	彼は証言を**拒**んだ。	こば	申し出を断る。遮って止める
760	新しい環境にすぐ**溶**け込んだ。	と	音は、ヨウ(溶解・水溶液)
761	新製品が**普及**する。	ふきゅう	社会に広く行き渡ること

獲得ポイント P

トライ 1 /25

トライ 2 /25

No.	問題	読み	解説
762	彼は再び受験を**試**みた。	こころ	読み 試験(しけん)・試(ため)す
763	お年寄りに席を**譲**る。	ゆず	自分の物をほかに与える
764	庭の**片隅**に朝顔を植える。	かたすみ	隅の音は、グウ(一隅)
765	駅に行く道を**尋**ねる。	たず	音は、ジン(尋問)
766	長年の苦労に**報**いる。	むく	恩に見合った行為をして返す
767	深山幽谷の**趣**がある。	おもむき	味わい。おもしろみ。
768	自信を**喪失**する。	そうしつ	大きな支えを失うこと
769	眼鏡を**外**して、顔を近づけた。	はず	読み 外角(がいかく)・外科(げか)・外堀(そとぼり)・外(ほか)
770	希望が大きく**膨**らむ。	ふく	音は、ボウ(膨張・膨大)
771	山頂から見る雄大な**景色**。	けしき	類義 風景
772	福祉の予算が大幅に**削**られた。	けず	音は、サク(削除・添削)
773	**魂**を入れ替えて働くつもりだ。	たましい	音は、コン(入魂・鎮魂)
774	多くの困難を**経**て、ようやく成功した。	へ	時がたつ 読み 経験(けいけん)・経文(きょうもん)
775	春がまた**巡**ってきた。	めぐ	音は、ジュン(巡回・一巡)

LEVEL A

32 漢字の読み ⑨

▼ ――線の漢字の読み方を書きなさい。

番号	問題	解答	ワンポイント
776	住民の要望はついに**許諾**された。	きょだく	要望などを聞き入れ、許すこと
777	状況を**逐一**報告する。	ちくいち（いつ）	ひとつひとつ。いちいち
778	**懇親**会に出席する。	こんしん	親しく仲良く交わること
779	船の**甲板**掃除を命ぜられる。	かんぱん	船上の広く平らなところ。デッキ
780	連絡がとれず、**途方**に暮れる。	とほう	手段。方法
781	教え**諭**すように語りかける。	さと	音は、ユ（教諭・諭旨）
782	卒業式で校歌を**斉唱**する。	せいしょう	いっせいに歌うこと
783	工場は**噴煙**を上げて燃え続けた。	ふんえん	噴き出す煙
784	文明の利器を**駆使**する。	くし	思うままに自由に扱うこと
785	生徒会役員としての任務を**遂行**した。	すいこう	最後までやり遂げること
786	一刻も早く**詳**しい情報が欲しい。	くわ	音は、ショウ（詳細・詳解）

獲得ポイント

トライ1 /25

トライ2 /25

No.	問題	読み	意味
787	他国からの干渉を**排斥**する。	はいせき	おしのけ、退けること
788	今は**専ら**論文執筆に打ち込んでいます。	もっぱ	ある事ばかりに集中している様子
789	朝夕の空気に秋の**気配**を感じる。	けはい	何となく感じられる様子
790	庭は**木立**に囲まれて趣がある。	こだち	木を「こ」と読むものに「木陰(こかげ)」
791	講演は私に大きな**示唆**を与えてくれた。	しさ(じさ)	それとなく教えること
792	新しい機械を**据**える。	す	動かないように置く
793	問題は**穏**やかに解決された。	おだ	もの静かで平穏な様子
794	欠席者の**有無**を確認する。	うむ	有るか、無いか
795	**米寿**のお祝いに赤飯を炊く。	べいじゅ	「米」の字から八十八歳の祝い
796	彼女は**唯一**無二の親友だ。	ゆいいつ	ただ一つでほかにはないこと
797	努力に**伴**って学力も伸びる。	ともな	読み 同伴(どうはん)・伴奏(ばんそう)
798	**枠**にはまった考えを捨てなさい。	わく	ある限られた範囲
799	危険を**冒**す必要はない。	おか	音は、ボウ(冒険・冒頭)
800	一方に**偏**らない評価をしよう。	かたよ	基準から外れ片方へ寄る

LEVEL A

33 漢字の読み⑩

▼――線の漢字の読み方を書きなさい。

番号	問題	解答	ワンポイント
801	悪い予感が**脳裏**をかすめた。	のうり	頭や心の中
802	天井から**雨漏**りしている箇所がある。	あまも	漏の音は、ロウ(漏電・漏水)
803	**顕微鏡**で細胞を観察する。	けんびきょう	極小の物体を拡大して見る器具
804	**棚**からぼたもち	たな	思いがけず幸運に恵まれること
805	課題学習の主題や**意図**を確認する。	いと	こうしようと考えていること
806	ぬれた服を干して**乾**かす。	かわ	音は、カン(乾燥・乾電池)
807	動物**愛護**団体の活動を報告する。	あいご	大切にかわいがること
808	苦労の末、ついに**栄冠**を勝ち取った。	えいかん	輝かしい名誉
809	燃料がそろそろ**乏**しくなってきた。	とぼ	足りない。少ない
810	空気**清浄**機で花粉を除去する。	せいじょう	対義 不浄
811	いくつかの点から**類推**する。	るいすい	推の訓は、お(す)

獲得ポイント

トライ1 /25

トライ2 /25

0 500 1000 1500 2000 2500 3000 GOAL

No.	問題	読み	解説
812	新しい規則を**設**ける。	もう	音は、セツ（設置・仮設）
813	**因果**関係を調査する。	いんが	原因と結果
814	私は**境内**の落ち葉を踏みしめて歩いた。	けいだい	寺や神社の敷地の中
815	どうか私に機会を**与**えてください。	あた	音は、ヨ（寄与・貸与）
816	今さら**悔**やんでも仕方がない。	く	後悔する。人の死を悲しみ惜しむ
817	陰で私腹を**肥**やす。	こ	読み 肥大（ひだい）・肥（こえ）
818	意思の**疎通**をはかる。	そつう	考えが相手に通じ理解されること
819	**離散**家族が再会を果たす。	りさん	離ればなれになること
820	豊かな生活を**享受**する。	きょうじゅ	受け取って自分のものにすること
821	単調な仕事ばかりで**嫌**になる。	いや	読み 嫌疑（けんぎ）・機嫌（きげん）・嫌う（きら）
822	**為替**相場が急変する。	かわせ	特別な読み方
823	三年間の中学校生活を**顧**みた。	かえり	振り返る 読み 回顧（かいこ）
824	彼は**優**れた学業成績を残した。	すぐ	読み 優秀（ゆうしゅう）・優しい（やさ）
825	**卸売**業者から安く仕入れる。	おろしうり	対義 小売

34 漢字の読み⑪

▼――線の漢字の読み方を書きなさい。

番号	問題	解答	ワンポイント
826	税務署で所得を**申告**する。	しんこく	法律上の義務で事実を提出する
827	**銘菓**を持って恩師を訪ねる。	めいか	銘は「特に知られた上等品」
828	**脈絡**のない話が続く。	みゃくらく	筋道。つながり
829	星が光を**放**って輝く。	はな	音は、ホウ(放棄・放出)
830	おりから逃げた動物を**捕**らえる。	と	音は、ホ(捕獲・逮捕)
831	鋭い**洞察**力を持つ人物だ。	どうさつ	物事を見抜く。見通す
832	暖地で**越冬**した渡り鳥が帰っていく。	えっとう	冬の寒さを越すこと
833	すべての分野を**網羅**している本だ。	もうら	残らず集めて取り入れること
834	口が**裂**けても秘密は漏らさない。	さ	音は、レツ(破裂・分裂)
835	そんなに自分を**卑下**しなくてもよい。	ひげ	自らをいやしめてへりくだること
836	善悪の**分別**がつく年ごろ。	ふんべつ	誤 ぶんべつ／物事の判断

獲得ポイント

トライ1 /25

トライ2 /25

番号	問題	読み	意味
837	古新聞の**束**を積み上げる。	たば	音は、ソク(束縛・結束)
838	**飢餓**で苦しむ人々に、救援物資を送る。	きが	食物が不足して、飢えること
839	計画を中止したのは**妥当**な判断だ。	だとう	考えややり方がふさわしいこと
840	教科書に川柳や狂歌が**載**っている。	の	音は、サイ(連載・千載一遇)
841	暑さのため、のどが**渇**いて困る。	かわ	音は、カツ(渇望・枯渇)
842	新記録の達成は、日々の**精進**のたまものだ。	しょうじん	打ち込んで努力すること
843	じっくりと**策略**を練る。	さくりゃく	類義 計略・謀略
844	母への贈り物を知恵を**絞**って考えた。	しぼ	読み 絞殺(こうさつ)・絞(し)める
845	図書館で郷土の資料を**閲覧**する。	えつらん	書物などを調べ、読むこと
846	必死の**形相**で訴える。	ぎょうそう	顔つき。様子
847	修学旅行のお**土産**を買う。	みやげ	特別な読み方
848	**豪族**の墓から勢力の大小がわかる。	ごうぞく	財力や勢力を持つ一族
849	子どもの将来を**憂**える。	うれ	悪い結果を予想し、心配し嘆く
850	条約**批准**までに長期間を要した。	ひじゅん	条約の最終確認

LEVEL A

35 漢字の読み ⑫

▼――線の漢字の読み方を書きなさい。

番号	問題	解答	ワンポイント
851	昆虫の**雌雄**を見分ける。	しゆう	雌(めす)と雄(おす)
852	材料の**性質**を生かした作品を作る。	せいしつ	性のほかの音は、ショウ(本性)
853	道路が**凍**りついて滑りやすい。	こお	音は、トウ(冷凍・凍傷)
854	数式の**解法**が何通りもある。	かいほう	解の訓は、と(く)
855	これまでの努力が水の**泡**となった。	あわ	音は、ホウ(水泡・気泡)
856	**履修**科目を変更する。	りしゅう	学科や課程を修めること
857	若者たちは**勇敢**に戦った。	ゆうかん	類義 果敢
858	テレビを**媒体**とする広告が変化する。	ばいたい	情報伝達の仲立ちになるもの
859	晴れた空を**仰**ぐ。	あお	読み 仰天(ぎょうてん)・信仰(しんこう)・仰(おお)せ
860	人を**欺**いてまで出世したくない。	あざむ	人をだます。言いくるめる
861	大会記録に**挑**んだ。	いど	音は、チョウ(挑戦・挑発)

獲得ポイント P

トライ1 /25

トライ2 /25

番号	問題	答え	解説
862	彼は苦しい生活に**耐**えた。	た	音は、タイ(耐久力・忍耐)
863	現地に**赴**いて、資源調査を開始する。	おもむ	ある場所や状態に向かう
864	名声はいつまでも**朽**ちることはない。	く	音は、キュウ(不朽・老朽)
865	日本髪を**結**った女性。	ゆ	縛る。結ぶ
866	適切な**措置**を取る。	そち	解決するために取り計らうこと
867	無理な注文に**困惑**する。	こんわく	どうしてよいかわからず困ること
868	なだらかな**輪郭**が美しい。	りんかく	物の周りを形づくっている線
869	アメリカに向けて**出帆**した。	しゅっぱん	船が港を出ること
870	二人は**交替**で見張り番をした。	こうたい	替は、「互いに入れかわる」
871	先生は黒板の落書きに**苦**い顔をした。	にが	読み 苦労(くろう)・苦(くる)しい
872	祖国に無事**帰還**した。	きかん	二字とも「かえる」
873	**頼**るべき身寄りがない。	たよ	読み 依頼(いらい)・頼(たの)む
874	**羽織**を着て神社に参る。	はおり	着物の上に着る短い上着
875	**危**うく死をまぬがれた。	あや	もう少しのところで

LEVEL A

36 漢字の読み ⑬

▼——線の漢字の読み方を書きなさい。

番号	問題	解答	ワンポイント
876	事態を**勘案**して手段を考える。	かんあん	あれこれ考えること
877	毎月**頒布**される冊子を読む。	はんぷ	配って行き渡らせること
878	南京**錠**をかけて戸締まりをする。	じょう	さんちゃく型の簡単な錠前
879	時代とともに**貨幣**価値が下がる。	かへい	商品交換の媒介。お金
880	建物内での**撮影**は禁止されている。	さつえい	写真や映画を撮ること
881	石の表面を**滑**らかにする。	なめ	読み 滑走(かっそう)・滑(すべ)る
882	法律は**遵守**しなければならない。	じゅんしゅ	規則に従い、守ること
883	予算案を**是正**する作業に追われる。	ぜせい	誤りを正すこと
884	枝もたわわに、**熟**れたかきの実がなる。	う	音は、ジュク(熟読・熟練)
885	事故の原因を**探**る。	さぐ	読み 探究(たんきゅう)・探(さが)す
886	おいしい寿司(すし)を**飽**きるほど食べたい。	あ	音は、ホウ(飽食・飽和)

獲得ポイント P

トライ1 /25

トライ2 /25

番号	問題	読み	解説
887	忙しくて手伝う**余裕**はない。	よゆう	ゆとり。余り
888	とんだ**代物**をつかまされた。	しろもの	商品。品物。人物
889	ボタンを**押**してドアを開ける。	お	音は、オウ(押印・押収)
890	私の**田舎**は四国です。	いなか	特別な読み方
891	辺りに深い**静寂**が訪れた。	せいじゃく	静まり返ってひっそりした様子
892	ビールがコップの**縁**からあふれる。	ふち	音は、エン(縁起・縁側)
893	地中に長い間**埋没**していた。	まいぼつ	うずもれ隠れること
894	**横領**の罪で起訴される。	おうりょう	他人のものを横取りすること
895	見るに**堪**えない悲惨な状況。	た	音は、カン(堪忍)
896	**悠然**とした山を見る。	ゆうぜん	落ち着いている様子
897	母は台所で夕食の**支度**をしている。	したく	支の訓は、ささ(える)
898	**巧拙**がはっきりしている。	こうせつ	上手(巧)と下手(拙)
899	台風で**傷**んだ屋根を修理する。	いた	読み 傷害(しょうがい)・傷(きず)
900	うわさの**真偽**はわからない。	しんぎ	本当とうそ

LEVEL A

37 漢字の読み⑭

▼——線の漢字の読み方を書きなさい。

番号	問題	解答	ワンポイント
901	化学**繊維**製品の売れ行きが良い。	せんい	繊は「細い」、維は「糸」
902	今日は母の**機嫌**が悪い。	きげん	心持ち。気分
903	夢と**錯覚**するような光景が現れた。	さっかく	思い違い。間違った知覚
904	小さなボートが海面を**漂**っている。	ただよ	音は、ヒョウ(漂流・漂白)
905	**肝心**なことを聞き逃さないように。	かんじん	きわめて大切なこと 類義 肝要
906	面会のために時間を**割**いてもらう。	さ	音は、カツ(分割・割愛)
907	全力を**尽**くして頑張る。	つ	音は、ジン(尽力・無尽蔵)
908	**焦燥**感にさいなまれる。	しょうそう	いらだち、あせること
909	両者の意見を**折衷**する。	せっちゅう	両方のよいところをとること
910	彼の行動には、疑わしい**節**がある。	ふし	目につく点
911	**早速**、申し伝えます。	さっそく	すぐ。ただちに

獲得ポイント P

トライ1 /25

トライ2 /25

番号	問題	読み	意味
912	**往来**する車の数が減少した。	おうらい	行ったり来たりすること
913	産業を**奨励**する。	しょうれい	よいこととして、強く勧めること
914	雑誌の記事に興味を引かれ、ページを**繰**った。	く	たぐる。順に送る。順に数える
915	彼は**眼鏡**越しに私をにらんだ。	めがね	眼の訓は、まなこ
916	私は乳**搾**りを初めて体験した。	しぼ	音は、サク(搾取・搾乳)
917	山林を**伐採**する。	ばっさい	樹木を切り倒すこと
918	看板は都市の美観を**損**なう。	そこ	こわす。だめにする
919	**怠惰**な眠りから目覚める。	たいだ	対義 勤勉
920	記念品を**贈呈**する。	ぞうてい	人に物を差し上げること
921	彼の態度は**平生**と少しも変わらない。	へいぜい	誤 へいせい(平静)/ふだん。平常
922	その流行語はすぐに**廃**れた。	すた	使われなくなる
923	優勝を祝う電話が**頻繁**にかかる。	ひんぱん	物事がたびたび起こる様子
924	**便宜**上、仮の名前をつける。	べんぎ	都合のよいこと
925	**慰**めの言葉をかける。	なぐさ	音は、イ(慰労・慰霊)

LEVEL A

38 送りがなのある漢字の書き①

▼──線のカタカナを漢字と送りがなで書きなさい。

番号	問題	解答
926	参加するように**ウナガス**。	促す
927	両手で顔を**オオウ**。	覆う
928	山頂から朝日を**ナガメル**。	眺める
929	敵のわなに**オチイル**。	陥る
930	**イチジルシイ**変化が見られる。	著しい
931	ネギを細かく**キザム**。	刻む
932	帰宅してシャワーを**アビル**。	浴びる
933	念仏を**トナエル**。	唱える
934	交通渋滞を**サケル**。	避ける
935	人混みに**マギレル**。	紛れる
936	空欄に適切な言葉を**オギナウ**。	補う

番号	問題	解答
937	母は**ホガラカ**な人だ。	朗らか
938	若葉の緑が**アザヤカ**だ。	鮮やか
939	商店を**イトナム**。	営む
940	先生の指導は**キビシイ**。	厳しい
941	未来を**ニナウ**子どもたち。	担う
942	友人の家を**オトズレル**。	訪れる
943	友人を家に**マネク**。	招く
944	悪い影響を**オヨボス**。	及ぼす
945	体力が**オトロエル**。	衰える
946	道端で財布を**ヒロウ**。	拾う
947	荷物を**アズケル**。	預ける

獲得ポイント

トライ1 /50

トライ2 /50

送りがなのある漢字の書き①

番号	問題	答え
948	チームを勝利に**ミチビク**。	導く
949	確固たる地位を**キズク**。	築く
950	入学試験に**ノゾム**。	臨む
951	税金の支払いが**トドコオル**。	滞る
952	壊れた機械に修理を**ホドコス**。	施す
953	時間と金を**ツイヤス**。	費やす
954	畑をくわで**タガヤス**。	耕す
955	**オゴソカ**な雰囲気の境内。	厳か
956	たくみに機械を**アヤツル**。	操る
957	いやな空気が**タダヨウ**。	漂う
958	花束にカードを**ソエル**。	添える
959	かばんを**タズサエル**。	携える
960	学園祭を**モヨオス**。	催す
961	落ち込む友人を**ナグサメル**。	慰める
962	痛みを**トモナウ**改革。	伴う
963	太い柱で**ササエル**。	支える
964	損害を**コウムル**。	被る
965	日本記録に**イドム**。	挑む
966	**ケワシイ**山に登る。	険しい
967	新しい方針を**シメス**。	示す
968	机を窓側に**ヨセル**。	寄せる
969	世界記録を**ヤブル**。	破る
970	門前町として**サカエル**。	栄える
971	健康を**タモツ**。	保つ
972	久しぶりに顔を**オガム**。	拝む
973	荷物を**トドケル**。	届ける
974	兄はとても気が**ミジカイ**。	短い
975	この企画は彼に**マカセル**。	任せる

LEVEL A

39 送りがなのある漢字の書き②

▼――線のカタカナを漢字と送りがなで書きなさい。

番号	問題	解答
976	物陰に**ヒソム**。	潜む
977	教師が生徒を**サトス**。	諭す
978	行く手を**サマタゲル**。	妨げる
979	ボールが高く**ハズム**。	弾む
980	基礎体力を**ツチカウ**。	培う
981	運命に身を**ユダネル**。	委ねる
982	愛情を**ソソグ**。	注ぐ
983	**オダヤカ**な風が吹く。	穏やか
984	大河が行く手を**サエギル**。	遮る
985	入居者を**ツノル**。	募る
986	**タクミ**な技に感心する。	巧み
987	急成長を**トゲル**。	遂げる
988	申し出を**コバム**。	拒む
989	先生の家に**オモムク**。	赴く
990	精神的負担を**シイル**。	強いる
991	彼を師と**アオグ**。	仰ぐ
992	表現力が**トボシイ**。	乏しい
993	高齢化で町が**スタレル**。	廃れる
994	寝坊して**アワテル**。	慌てる
995	物価の上昇を**オサエル**。	抑える
996	ほころびを**ツクロウ**。	繕う
997	父が定年を**ムカエル**。	迎える

獲得ポイント

P

トライ1 　/50

トライ2 　/50

送りがなのある漢字の書き②

番号	問題	答え
998	青春時代を**カエリミル**。	顧みる
999	部屋をついたてで**ヘダテル**。	隔てる
1000	人前でも**ナメラカ**に話す。	滑らか
1001	足腰を**キタエル**。	鍛える
1002	毎日の練習を**オコタル**。	怠る
1003	上司に不満を**ウッタエル**。	訴える
1004	栄養が**カタヨル**。	偏る
1005	難題を**カカエル**。	抱える
1006	子どもの手を**ニギル**。	握る
1007	スローガンを**カカゲル**。	掲げる
1008	趣向を**コラス**。	凝らす
1009	災害に**ソナエル**。	備える
1010	積み荷が**クズレル**。	崩れる
1011	初心を**ツラヌク**。	貫く
1012	由来を**タズネル**。	尋ねる
1013	姿を**カクス**。	隠す
1014	重要な役割を**シメル**。	占める
1015	**ユルヤカ**なカーブ。	緩やか
1016	提出期限が**セマル**。	迫る
1017	鏡に姿が**ウツル**。	映る
1018	浪費を**イマシメル**。	戒める
1019	入会を**ススメル**。	勧める
1020	学費を**カセグ**。	稼ぐ
1021	種を水に**ヒタス**。	浸す
1022	余計な言葉を**ハブク**。	省く
1023	**クワシイ**説明を聞く。	詳しい
1024	強風で垣根が**ユレル**。	揺れる
1025	風船が**チヂム**。	縮む

LEVEL A

40 類義語・対義語①

▼次の言葉の類義語・対義語を書きなさい。

類義語

番号	問題	解答
1026	賛成	同意
1027	風習	慣習
1028	冷静	沈着
1029	成就	達成
1030	傾向	風潮
1031	任務	使命
1032	原料	材料
1033	突然	不意
1034	光栄	名誉
1035	割愛	省略
1036	出版	刊行
1037	効用	効果
1038	案外	意外
1039	不足	欠乏
1040	円満	温厚
1041	介抱	看病
1042	用意	準備
1043	欠点	短所
1044	原因	理由
1045	倹約	節約

対義語

番号	問題	解答
1072	利益	損失
1073	過失	故意
1074	人工	自然
1075	反抗	服従
1076	理性	感情
1077	積極	消極
1078	偶然	必然
1079	安全	危険
1080	形式	内容
1081	失敗	成功
1082	延長	短縮
1083	困難	容易
1084	解散	集合
1085	保守	革新
1086	拡大	縮小
1087	原告	被告
1088	干渉	放任
1089	客観	主観
1090	緊張	緩和
1091	架空	実在

獲得ポイント P

トライ1 /92

トライ2 /92

番号	語	類義語
1046	地味	簡素
1047	失敗	過失
1048	手段	方法
1049	思慮	分別
1050	消息	音信
1051	関心	興味
1052	簡単	容易
1053	原始	未開
1054	失望	落胆
1055	厚意	親切
1056	長所	美点
1057	実質	内容
1058	寛大	寛容
1059	差異	相違
1060	綿密	細心
1061	没頭	専念
1062	便利	重宝
1063	相当	匹敵
1064	安価	廉価
1065	自然	天然
1066	価格	値段
1067	友好	親善
1068	対等	互角
1069	外見	体裁
1070	寄与	貢献
1071	手本	模範

番号	語	対義語
1092	時間	空間
1093	模倣	創造
1094	権利	義務
1095	需要	供給
1096	単純	複雑
1097	拒否	承諾
1098	希望	絶望
1099	収入	支出
1100	豊富	欠乏
1101	従属	支配
1102	生産	消費
1103	絶対	相対
1104	集中	分散
1105	一般	特殊
1106	現実	理想
1107	促進	抑制
1108	真実	虚偽
1109	応答	質疑
1110	加害	被害
1111	鈍感	敏感
1112	増加	減少
1113	冷静	興奮
1114	慎重	軽率
1115	親密	疎遠
1116	具体	抽象
1117	原因	結果

41 同音異義語・同訓異字①

獲得ポイント
トライ1 /50
トライ2 /50

▼——線のカタカナを漢字に直しなさい。

番号	問題	解答
1118	新入生をショウカイする。	紹介
1119	身元をショウカイする。	照会
1120	ホウフな資源に恵まれる。	豊富
1121	新年のホウフを語る。	抱負
1122	ヒッシの覚悟で挑む。	必死
1123	敗北はヒッシの情勢だ。	必至
1124	激しいヒナンを浴びる。	非(批)難
1125	紛争地域からヒナンする。	避難
1126	賛成のイシ表示をする。	意思
1127	彼はとてもイシが強い。	意志
1128	故人のイシを尊重する。	遺志

番号	問題	解答
1129	イジョウな寒さだ。	異常
1130	イジョウで終了です。	以上
1131	イゼンはお世話になりました。	以前
1132	イゼンとして不景気だ。	依然
1133	ヤセイの熊が出没する。	野生
1134	ヤセイ的な魅力を持った人。	野性
1135	天地ソウゾウの神。	創造
1136	相手の気持ちをソウゾウする。	想像
1137	電車でイドウする。	移動
1138	人事イドウが発表される。	異動
1139	両者にイドウはない。	異同

番号	問題	答え
1140	**エイセイ**管理をし、健康を保つ。	衛生
1141	**エイセイ**中継される。	衛星
1142	スイスは**エイセイ**中立国だ。	永世
1143	**シンチョウ**に行動する。	慎重
1144	意味**シンチョウ**な言葉。	深長
1145	洋服を**シンチョウ**する。	新調
1146	ひざが**イタ**む。	痛
1147	野菜が**イタ**む。	傷
1148	神のなせる**ワザ**だ。	業
1149	体操の**ワザ**をみがく。	技
1150	雑音が**マ**じる。	混
1151	大人の中に子どもが**マ**じる。	交
1152	青春時代を**カエリ**みる。	顧
1153	自らを**カエリ**みる。	省
1154	喜びを満面に**アラワ**す。	表
1155	正体を**アラワ**す。	現
1156	書物を**アラワ**す。	著
1157	部屋が**アツ**い。	暑
1158	**アツ**いお茶を飲む。	熱
1159	友情に**アツ**い。	厚
1160	目が**サ**める。	覚
1161	スープが**サ**める。	冷
1162	台風に**ソナ**える。	備
1163	墓前に花を**ソナ**える。	供
1164	遠くに富士山を**ノゾ**む。	望
1165	海に**ノゾ**むホテル。	臨
1166	紙が**ヤブ**れる。	破
1167	試合で**ヤブ**れる。	敗

42

同音異義語・同訓異字②

獲得ポイント

トライ1 ／50

トライ2 ／50

▼——線のカタカナを漢字に直しなさい。

番号	問題	解答
1168	事態を**シュウシュウ**する。	収拾
1169	切手を**シュウシュウ**する。	収集
1170	実験に**セイコウ**する。	成功
1171	**セイコウ**な機械。	精巧
1172	**シジ**政党が圧勝した。	支持
1173	先生からの**シジ**を待つ。	指示
1174	有名な書家に**シジ**する。	師事
1175	音楽に**カンシン**をもつ。	関心
1176	友人の絵に**カンシン**する。	感心
1177	人の**カンシン**を買う。	歓心
1178	犯罪の凶悪化は**カンシン**に堪えない。	寒心
1179	問題の**カクシン**に触れる。	核心
1180	古い制度を**カクシン**する。	革新
1181	**ゼッコウ**の運動会日和。	絶好
1182	もう彼とは**ゼッコウ**だ。	絶交
1183	製品の品質を**ホショウ**する。	保証
1184	身の安全を**ホショウ**する。	保障
1185	事故の損害を**ホショウ**する。	補償
1186	人質を**カイホウ**する。	解放
1187	休日に校庭を**カイホウ**する。	開放
1188	けが人を**カイホウ**する。	介抱
1189	病人が**カイホウ**に向かう。	快方

番号	問題	答え
1190	アンケートに**カイトウ**する。	回答
1191	入試問題の模範**カイトウ**。	解答
1192	**トクイ**な教科。	得意
1193	**トクイ**な才能。	特異
1194	一年生**イガイ**は登校する。	以外
1195	**イガイ**と簡単だ。	意外
1196	おばの家を**タズ**ねる。	訪
1197	道を**タズ**ねる。	尋
1198	父の仕事を**ツ**ぐ。	継
1199	全校生徒に**ツ**ぐ。	告
1200	東京に**ツ**ぐ大都会。	次
1201	サービスに**ツト**める。	努
1202	会社に**ツト**める。	勤
1203	議長を**ツト**める。	務
1204	操作を**アヤマ**る。	誤
1205	失敗して皆に**アヤマ**る。	謝
1206	**ハヤ**く走る。	速
1207	朝**ハヤ**く起きる。	早
1208	**アタタ**かい部屋。	暖
1209	**アタタ**かい心。	温
1210	費用を**トトノ**える。	調
1211	書棚の本を**トトノ**える。	整
1212	危険を**オカ**す。	冒
1213	あやまちを**オカ**す。	犯
1214	他人の権利を**オカ**す。	侵
1215	ノートに**ウツ**す。	写
1216	姿を鏡に**ウツ**す。	映
1217	都を東京に**ウツ**す。	移

LEVEL A

43

同音異義語・同訓異字③

獲得ポイント P

トライ1 ／50

トライ2 ／50

▼――線のカタカナを漢字に直しなさい。

番号	問題	解答
1218	卑劣な**コウイ**は許さない。	行為
1219	**コウイ**的な返事をもらう。	好意
1220	ご**コウイ**に感謝します。	厚意
1221	中学生**タイショウ**の講演。	対象
1222	兄弟の性格は**タイショウ**的だ。	対照
1223	線**タイショウ**となる図形。	対称
1224	教育**タイセイ**を変える。	体制
1225	受け入れ**タイセイ**は万全だ。	態勢
1226	**タイセイ**を崩さずに待つ。	体勢
1227	彼は歌手として**タイセイ**した。	大成
1228	世論の**タイセイ**に従う。	大勢

番号	問題	解答
1229	**セイサン**もなく始めた事業。	成算
1230	借金を**セイサン**する。	清算
1231	運賃を**セイサン**する。	精算
1232	農業を**キカイ**化する。	機械
1233	絶好の**キカイ**を失う。	機会
1234	体育で**キカイ**体操をする。	器械
1235	人員**コウセイ**を記入する。	構成
1236	**コウセイ**な採点をする。	公正
1237	**コウセイ**まで語り継がれる話。	後世
1238	自立**コウセイ**を目指す。	更生
1239	福利**コウセイ**が充実している。	厚生

同音異義語・同訓異字③

番号	問題	解答
1240	責任を**ツイキュウ**する。	追及
1241	利潤を**ツイキュウ**する。	追求
1242	真理の**ツイキュウ**。	追究
1243	裕福な**カテイ**に生まれる。	家庭
1244	作業の**カテイ**を記録する。	過程
1245	その話を事実だと**カテイ**しよう。	仮定
1246	義務教育の**カテイ**を終える。	課程
1247	商品を買い**シ**める。	占
1248	店を**シ**める。	閉
1249	帯を**シ**める。	締
1250	風の音を**キ**く。	聞
1251	ピアノの演奏を**キ**く。	聴
1252	気が**キ**く。	利
1253	この薬はよく**キ**く。	効
1254	**カタ**い表情。	硬
1255	守りが**カタ**い。	堅
1256	決心は**カタ**い。	固
1257	学問を**オサ**める。	修
1258	良い結果を**オサ**める。	収
1259	会費を**オサ**める。	納
1260	領地を**オサ**める。	治
1261	彼の言葉が心を**ウ**つ。	打
1262	父のかたきを**ウ**つ。	討
1263	的を**ウ**つ。	撃
1264	消息を**タ**つ。	絶
1265	敵の退路を**タ**つ。	断
1266	布地を**タ**つ。	裁
1267	家が**タ**つ。	建

LEVEL A

44 慣用句・ことわざ①

▼空欄に適当な漢字を補って、慣用句・ことわざを完成させなさい。

			解答
1268	□が痛い	➡自分の欠点や弱点を指摘されて、聞くのがつらい。	耳
1269	□が高い	➡得意そうにする様子。	鼻
1270	□が広い	➡知り合いが多く、たくさんの人と付き合いがある。	顔
1271	□が立たない	➡相手が強すぎて、対抗できない。	歯
1272	□を明かす	➡出し抜いてあっと言わせる。	鼻
1273	□の荷が下りる	➡重い責任を果たしてほっとする。	肩
1274	□に余る	➡あまりにひどくて、黙っていられない。	目
1275	□の耳に念仏	➡いくら言っても効き目がなく、無駄なこと。	馬
1276	二階から□□	➡効果が当てにできないこと。	目薬
1277	馬子にも□□	➡どんな人でも、着飾れば立派に見えること。	衣装
1278	捕らぬ狸(たぬき)の□□□	➡手に入る前から当てにして計画を立てること。	皮算用

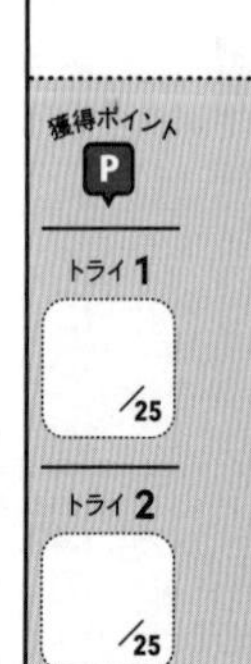

1279	弘法(こうぼう)□を選ばず	➡優れた人は、どんな道具でも立派な仕事をするということ。	筆
1280	一寸の虫にも五分(ぶ)の□	➡弱小なものにも相応の意地があるので、侮(あなど)ってはいけないということ。	魂
1281	□に入っては□に従え	➡その土地では、その土地の習慣に従うのがよいということ。	郷・郷
1282	けがの□□	➡過失が、思いもよらず良い結果になること。	功名
1283	医者の□養生	➡他人には立派なことを言いながら、自分では実行できないこと。	不
1284	□□は口に苦し	➡忠告は聞くのがつらいが、ためになるということ。	良薬
1285	□のないところに□は立たぬ	➡何の原因もなしに、うわさは立たないということ。	火・煙
1286	人のうわさも□□□日	➡世間のうわさは長続きしないこと。	七十五
1287	□に短したすきに長し	➡中途半端で役に立たないこと。	帯
1288	□の顔も三度	➡温和な人も、何度も無礼を受けると怒るということ。	仏
1289	転ばぬ□の杖(つえ)	➡用心していれば失敗しないということ。	先
1290	雀(すずめ)□まで踊り忘れず	➡幼児期の習慣は、年を取っても変わらないということ。	百
1291	□降って□固まる	➡悪いことのあとは、かえって前よりも良い状態になること。	雨・地
1292	□□をたたいて渡る	➡慎重に物事を進めること。	石橋

LEVEL A

45 慣用句・ことわざ②

▼空欄に適当な漢字を補って、慣用句・ことわざを完成させなさい。

			解答
1293	背に□は代えられぬ	◆大事なことのためには、小さなことなど構っていられない。	腹
1294	□に衣着せぬ	◆遠慮せずにものを言う。	歯
1295	□を集める	◆人々が集まって、熱心に相談する。	額
1296	□を売る	◆無駄話をして仕事を怠ける。	油
1297	足が□になる	◆歩きすぎや立ちすぎで、疲れて足がこわばる。	棒
1298	□が立つ	◆文章を書くのが上手である。	筆
1299	□を上げる	◆困難に耐えられず、弱気なことを言う。	音
1300	朱に交われば□くなる	◆人は友達によって、良くも悪くも感化されるということ。	赤
1301	□兎(と)を追うものは□兎(と)をも得ず	◆欲張って二つのことを同時にすると、どちらも成功しないこと。	二・一
1302	井の中の蛙(かわず)□□を知らず	◆広い世界があるのを知らないこと。	大海
1303	逃がした□は大きい	◆手に入れ損なったものほど、すばらしく思えるということ。	魚

獲得ポイント

トライ1 /25

トライ2 /25

1304	覆水□に返らず	一度してしまったことは、取り返しがつかないこと。	盆
1305	漁夫の□	二者が争っているすきに、第三者が利益を得ること。	利
1306	立つ鳥□を濁さず	立ち去るときは、きれいに後始末をしておくべきである。	跡
1307	石の上にも□□	苦しみに耐えれば、いつかは報われるということ。	三年
1308	□に金棒	ただでさえ強いのに、さらに強力なものが加わること。	鬼
1309	弘法(こうぼう)にも□の誤り	どんなに得意なことでも失敗はあるということ。	筆
1310	□□は寝て待て	幸運は、焦らずに時を待てばよいということ。	果報
1311	まかぬ□は生えぬ	何もしないで良い結果を期待しても無駄であること。	種
1312	住めば□	住み慣れれば、どんなところでも住みやすく思えてくること。	都
1313	泣きっ□に蜂	悪いことの上に、さらに悪いことが重なって起こること。	面
1314	のれんに□押し	少しも手応えがないこと。	腕
1315	百聞は□□にしかず	話で聞くより、自分の目で確かめるほうがよくわかること。	一見
1316	知らぬが□	知らないでいれば、平気でいられて幸せなこと。	仏
1317	三つ子の魂□まで	幼いときの性質は、一生変わらないということ。	百

LEVEL A

46 四字熟語①

▼空欄に適当な漢字を補って四字熟語を完成し、その読み方を答えなさい。

1318 新学年で**心□一転**、がんばろう。　➡何かをきっかけに、気持ちが新たに変わること。

1319 **電光□火**の早業だ。　➡動作が素早いこと。

1320 **千□一遇**のチャンスだ。　➡めったにない良い機会。

1321 私と弟とは**以心□心**の仲だ。　➡無言のうちに、気持ちが通じ合うこと。

1322 **一期一□**の思いで客をもてなす。　➡一生に一度しかないほどの機会。

1323 人の性格は**千差□別**だ。　➡それぞれに違っていること。

1324 彼に何を言っても**□耳東風**だ。　➡人の意見を聞き流して気にしないこと。

1325 科学技術は**日□月歩**だ。　➡たえず進歩すること。

1326 うわさを聞いて**疑心暗□**に陥る。　➡実際にはないことまで疑うこと。

1327 チームが**一心□体**となり戦う。　➡心を一つにして結びつくこと。

1328 他人の意見に**□和雷同**する。　➡わけもなく他人の説に同調すること。

解答

1318 機・しんきいってん
1319 石・でんこうせっか
1320 載・せんざいいちぐう
1321 伝・いしんでんしん
1322 会・いちごいちえ
1323 万・せんさばんべつ
1324 馬・ばじとうふう
1325 進・にっしんげっぽ
1326 鬼・ぎしんあんき
1327 同・いっしんどうたい
1328 付・ふわらいどう

獲得ポイント

トライ1　／39

トライ2　／39

1329 □
□方美人の性格は信用されない。
➡誰にでも愛想よく振る舞うこと。
八・はっぽうびじん

1330 □
意見は**□人十色**でまとまらない。
➡好みや考えがそれぞれ違うこと。
十・じゅうにんといろ

1331 □
□刀直入に用件を言う。
➡いきなり本論に入ること。
単・たんとうちょくにゅう

1332 □
危機一□のところで難を逃れる。
➡危険がごく近くに迫っていること。
髪・ききいっぱつ

1333 □
絶□絶命の窮地に立たされる。
➡どうしても逃れられない状態。
体・ぜったいぜつめい

1334 □
事件の**一□始終**を話す。
➡最初から最後まで全部。
部・いちぶしじゅう

1335 □
今ごろ慌てても**自□自得**だ。
➡自分の行いの報いを自分が受けること。
業・じごうじとく

1336 □
病状は**一進一□**を繰り返した。
➡良くなったり悪くなったりすること。
退・いっしんいったい

1337 □
意味□長な笑みを浮かべる。
➡意味が深くて含みのあること。
深・いみしんちょう

1338 □
無我□中で試合の応援をする。
➡心を奪われて、我を忘れること。
夢・むがむちゅう

1339 □
一日□秋の思いで待つ。
➡とても待ち遠しいこと。
千・いちじつ(にち)せんしゅう

1340 □
二束□文の値しかつかない。
➡値段が極めて安いこと。
三・にそくさんもん

1341 □
一□一夕には成功しない。
➡短い時間。
朝・いっちょういっせき

1342 □
五里□中のまま解決できない。
➡方針や見込みがまったく立たないこと。
霧・ごりむちゅう

0 500 1000 1500 2000 2500 3000 GOAL

No.	問題	意味	答え
1343	人のせいにするなんて**言語道□**だ。	➡口にできないほどひどいこと。	断・ごんごどうだん
1344	世情が**千変□化**する。	➡状況などの変化が激しいこと。	万・せんぺんばんか
1345	初対面で**意気□合**する。	➡互いの気持ちが一致すること。	投・いきとうごう
1346	**一石□鳥**の効果をねらう。	➡一つの行為から二つの利益を得ること。	二・いっせきにちょう
1347	道に迷って**右往□往**する。	➡まごついて、うろうろすること。	左・うおうさおう
1348	今日の出来は最高だと**自□自賛**する。	➡自分で自分のことを褒めること。	画・じがじさん
1349	苦手な裁縫に**四苦□苦**する。	➡ひどく苦しむこと。	八・しくはっく
1350	**針小□大**に言いふらす。	➡ちょっとしたことを大げさに言うこと。	棒・しんしょうぼうだい
1351	**前代未□**の快挙だ。	➡これまでにないような、非常に変わったこと。	聞・ぜんだいみもん
1352	**油断大□**、気を引き締めよう。	➡気を緩めると、思いがけない大失敗をすること。	敵・ゆだんたいてき
1353	どれも**大同小□**の作品だ。	➡細部は違うが、大体は同じであること。	異・だいどうしょうい
1354	**異□同音**に賛成する。	➡みんなが同じことを言うこと。	口・いくどうおん
1355	**□田引水**だと批判を受ける。	➡自分に都合よく振る舞うこと。	我・がでんいんすい
1356	**起死□生**のホームラン。	➡危機的な状況から立ち直ること。	回・きしかいせい

LEVEL

入試で差がつく漢字・語句

1357～2287

47 漢字の書き㉔

▽——線のカタカナを漢字に直しなさい。

番号	問題	解答	ワンポイント
1357	**グンソウ**が厳しく指揮する。	軍曹	軍隊の階級
1358	**ホンポウ**初公開の秘宝がある。	本邦	邦は、「国・国家」
1359	**ケンエン**の仲と言われている二人。	犬猿	猿の訓は、さる
1360	有名な歌を刻んだ**キネンヒ**が建てられた。	記念碑	碑は、「文字を刻んである石」
1361	夢を**イダ**いてアメリカに旅立つ。	抱	ほかの訓は、だ(く)、かか(える)
1362	習字用の**ボクジュウ**を買う。	墨汁	墨の訓は、すみ
1363	持ち込める荷物の**コスウ**は決まっている。	個数	個の部首は、「にんべん」(亻)
1364	優秀な成績を**ヒョウショウ**される。	表彰	誤 表章×・表障×
1365	長い間立ち**ツ**くす。	尽	音は、ジン(尽力・理不尽)
1366	物陰に身を**ヒソ**める。	潜	音は、セン(潜水・潜伏)
1367	この成績では落第は**ヒッシ**だ。	必至	類義 必然 同音異義 必死の捜査

獲得ポイント

トライ1 /25

トライ2 /25

1368	**キュウデン**の中は豪華なつくりだ。	宮殿	殿は、「立派な建物」
1369	部屋の**スミ**に机を置く。	隅	音は、グウ(一隅)
1370	夏祭りの**ボンオドり**に参加する。	盆踊	誤 盆躍×り
1371	言い訳する**ヨチ**がない。	余地	余の訓は、あま(る・す)
1372	販売の**ソクシン**を図る。	促進	促の訓は、うなが(す)
1373	返答に困って**ダマ**り込む。	黙	音は、モク(黙認・沈黙)
1374	野の花を**ツ**みに行く。	摘	右側の内部は古
1375	会場で客を席へと**ミチビ**く。	導	音は、ドウ(導入・伝導)
1376	無駄な言葉を**ケズ**って短くする。	削	音は、サク(削除・削減)
1377	建物の構造に重大な**ケッカン**が見つかる。	欠陥	陥の訓は、おちい(る)
1378	近所の公園を**サンサク**する。	散策	散の訓は、ち(る・らす)
1379	電力が**キョウキュウ**される。	供給	対義 需要
1380	哀れな**キョウグウ**を語る。	境遇	誤 境偶×・境隅×
1381	為替の安定に向けて各国が**キョウチョウ**する。	協調	誤 共×調

LEVEL B

48 漢字の書き㉕

▽──線のカタカナを漢字に直しなさい。

番号	問題	解答	ワンポイント
1382	先生の話に耳を**カタム**ける。	傾	音は、ケイ(傾向・傾倒)
1383	腰を**ス**えて勉強しなさい。	据	読みも頻出
1384	長年準備してきたことが**トロウ**に終わる。	徒労	無駄な苦労
1385	**ナグ**り合いのけんかになる。	殴	部首は、「るまた」(殳)
1306	**セイトウ**の中で派閥が生まれる。	政党	党は、「仲間・政治的な団体」
1387	**カブシキ**上場の記念式典が行われる。	株式	株の部首は、「きへん」(木)
1388	転倒して腕を**ダボク**する。	打撲	どちらも「てへん」(扌)
1389	新事業には**ボウダイ**な費用がかかる。	膨大	膨の訓は、ふく(らむ)
1390	このホテルには**ゴラク**設備が整っている。	娯楽	娯も楽も「たのしむ」
1391	背後に**シセン**を感じる。	視線	誤 視×線
1392	子どもたちは先生を**シタ**っている。	慕	慕の下部は⺗で、心の変形

獲得ポイント

トライ1 /25

トライ2 /25

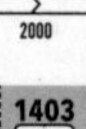

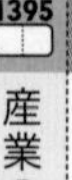
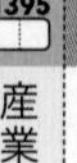
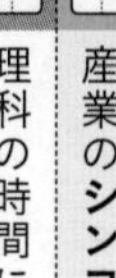
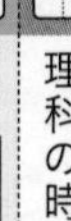
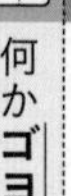

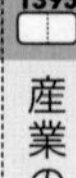

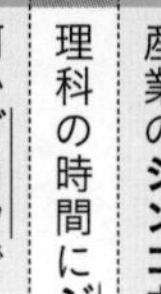
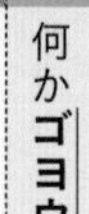

番号	問題	解答	解説
1393	食べたいメニューを**サ**し示す。	指	音は、シ(指示・指標)
1394	空想と現実を**コンドウ**する。	混同	混の右側は昆(コン)で、音を示す
1395	産業の**シンコウ**を図る。	振興	同音異義 新興・親交・侵攻
1396	理科の時間に**ジシャク**を使って実験した。	磁石	磁の右側の画数は九画
1397	何か**ゴヨウ**でしょうか。	御用	誤 御×用
1398	荷物を**ジャマ**にならない所へ置いてください。	邪魔	魔の内部は林と鬼
1399	えらは水中にすむ動物の呼吸**キカン**だ。	器官	同音異義 気管・機関・期間
1400	人生には苦労が**トモナ**う。	伴	読み 随伴(ずいはん)・伴奏(ばんそう)
1401	五輪の**セイカ**ランナーに選ばれる。	聖火	聖の部首は、「みみ」(耳)
1402	**テイゾク**なテレビ番組が多い。	低俗	対義 高尚
1403	**ケワ**しいがけを登り切る。	険	音は、ケン(冒険・保険)
1404	今後の経済動向について**コウエン**する。	講演	同音異義 公演・後援・好演
1405	**スイタイ**の一途をたどる。	衰退	誤 衰×退／衰え、退く
1406	健康のためには適度な**スイミン**が必要だ。	睡眠	どちらも「めへん」(目)

49 漢字の書き ㉖

▽――線のカタカナを漢字に直しなさい。

番号	問題	解答	ワンポイント
1407	**オジ**からお年玉をもらう。	叔(伯)父	対義 叔母(伯母)
1408	**ツボニワ**に小さな花が咲いていた。	坪庭	坪の部首は、「つちへん」(土)
1409	**ハダカ**一貫でやり直すことにした。	裸	音は、ラ(裸眼・裸子植物)
1410	甘い**ジュエキ**に虫が寄ってくる。	樹液	液の部首は、「さんずい」(氵)
1411	**ネコジタ**なので熱いものは苦手だ。	猫舌	猫の音は、ビョウ(愛猫)
1412	留学のために**リョケン**発行の手続きをする。	旅券	パスポート
1413	**リョウシツ**な生地で作られたスーツを着る。	良質	質の部首は、「かい・こがい」(貝)
1414	二人の力量には**サ**がある。	差	訓は、さ(す)
1415	まことに**ダトウ**な結論である。	妥当	類義 適切
1416	栄養のバランスを考えて**ヤサイ**を食べる。	野菜	菜の部首は、「くさかんむり」(艹)
1417	自然は人間の力を**チョウエツ**した存在である。	超越	超も越も「こえる」

獲得ポイント P

トライ1 ／25

トライ2 ／25

番号	問題	解答	解説
1418	これは誰かの**インボウ**に違いない。	陰謀	ひそかにたくらむ悪事
1419	一万円の**ソン**をした。	損	対義 益・得
1420	どちらにも**ゾク**さない。	属	部首は、「かばね・しかばね」(尸)
1421	交通事故防止の**タイサク**を講じる。	対策	策の部首は、「たけかんむり」(⺮)
1422	物事の**ゼヒ**を議論する。	是非	誤 是否×／よい(是)か悪い(非)か
1423	**カンダカ**い声で叫ぶ。	甲高	甲のほかの音は、コウ(甲殻類)
1424	講習会参加の**ダクヒ**を連絡する。	諾否	誤 諾非×
1425	運動部に入って心身を**キタ**える。	鍛	音は、タン(鍛練)
1426	借金を**セイサン**する。	清算	同音異義 運賃の精算・成算がある
1427	利潤を**ツイキュウ**する。	追求	同音異義 真理の追究・責任の追及
1428	母は**ツツシ**み深い人だ。	慎	音は、シン(慎重・不謹慎)
1429	商社に**ツト**めている。	勤	誤 勧
1430	氷の上をおそるおそる**スベ**り出した。	滑	読み 滑走(かっそう)・滑稽(こっけい)・滑(なめ)らか
1431	料理に季節の果物を**ソ**える。	添	音は、テン(添付・添削)

50 漢字の書き ㉗

▽ ——線のカタカナを漢字に直しなさい。

番号	問題	解答	ワンポイント
1432	春になると**ビエン**になる人が多い。	鼻炎	鼻の訓は、はな(鼻息)
1433	サーカスで熊が**キョクゲイ**をしている。	曲芸	曲の部首は、「ひらび・いわく」(曰)
1434	お経を唱えて**レイ**を鎮(しず)める。	霊	ほかの音は、リョウ(悪霊)
1435	**リュウ**が天に登るような勢いがある。	竜	訓は、たつ(竜巻)
1436	**ゼンソウ**が本堂で朝のおつとめをする。	禅僧	禅寺の僧
1437	**ナンバン**貿易で栄えた町がある。	南蛮	蛮の部首は、「むし」(虫)
1438	**ダンシャク**の称号を与えられる。	男爵	公爵などに次ぐ位
1439	消息が途絶えてから**ヒサ**しい。	久	長い時間がたつ
1440	最新の機械を**ドウニュウ**する。	導入	誤 道入× / 導き、入れる
1441	服装を**トトノ**えて式に臨む。	整	同訓異字 費用を調える
1442	**カンバツ**材をわりばしに加工する。	間伐	誤 間閥×

獲得ポイント P

トライ1 /25

トライ2 /25

漢字の書き㉗

番号	問題	解答	解説
1443	古い布でぞうきんを**ヌ**う。	縫	音は、ホウ(縫合・裁縫)
1444	**トツジョ**として雷鳴がとどろいた。	突如	如のつく熟語はほかに「欠如」など
1445	大雨が降って**テイボウ**が決壊する。	堤防	誤 提防/堤の訓は、つつみ
1446	**ノウミツ**な味のスープ。	濃密	濃の訓は、こ(い)
1447	**ツユ**明けの頃は雷が発生することが多い。	梅雨	梅の実がなるころに降る雨から
1448	絵画の**テンラン**会に出品する。	展覧	誤 展覧
1449	山のふもとに家々が**テンザイ**している。	点在	類義 散在
1450	気分**テンカン**に音楽を聴く。	転換	換の訓は、か(える)
1451	細菌が**ハンショク**する。	繁殖	殖の訓は、ふ(える・やす)
1452	人生の**ヒアイ**を感じる。	悲哀	悲も哀も「かなしい」
1453	**ソッチョク**に意見を述べる。	率直	飾り気がなくありのまま
1454	急な用事で仕事が**トドコオ**る。	滞	音は、タイ(滞在・渋滞)
1455	社会**フクシ**事業に携わる。	福祉	どちらも「しめすへん」(ネ)
1456	中国大陸とは日本海で**ヘダ**てられている。	隔	音は、カク(隔離・間隔)

51 漢字の書き㉘

▽――線のカタカナを漢字に直しなさい。

番号	問題	解答	ワンポイント
1457	思わず天を**アオ**いだ。	仰	誤 抑
1458	巻き**ジャク**で寸法を測る。	尺	長さの単位
1459	牛の**チチシボ**りを体験する。	乳搾	搾の音は、サク（搾乳・搾取）
1460	**コウオツ**つけがたい出来映えだ。	甲乙	甲乙丙で順序や優劣を表す
1461	電波の受信**ケンガイ**となるところにいる。	圏外	圏の「くにがまえ」の内部は巻
1462	**カイゾク**船を取り締まる。	海賊	誤 海賊×
1463	**カイヅカ**を詳しく調査する。	貝塚	古代人の遺跡
1464	**コンイロ**の制服に身を包む。	紺色	紺の部首は、「いとへん」（糸）
1465	**マイボツ**している遺跡を調査する。	埋没	没の部首は、「さんずい」（氵）
1466	事の**ホッタン**はささいなことだった。	発端	読みも頻出
1467	その知らせに**ホウシン**したように座り込んだ。	放心	気が抜けて、ぼんやりする様子

獲得ポイント P
トライ1 /25
トライ2 /25

No.	問題	答え	解説
1468	お年寄りに席を**ユズ**る。	譲	音は、ジョウ（譲渡・譲歩）
1469	食事の後に歯を**ミガ**く。	磨	音は、マ（研磨・切磋琢磨）
1470	情け**ヨウシャ**もない。	容赦	赦は、「罪などをゆるす」
1471	彼は窓の外をじっと**ギョウシ**している。	凝視	凝の部首は、「にすい」（冫）
1472	庭に生い茂った草を**カ**る。	刈	同訓異字 鹿を狩る
1473	二人は話に**ムチュウ**になっている。	夢中	夢の部首は、「た・ゆうべ」（夕）
1474	くすのきの太い**ミキ**を切る。	幹	音は、カン（幹部・根幹）
1475	皆に今後の予定を**レンラク**する。	連絡	誤 練×絡／絡の訓は、から(む)
1476	君たちの努力は称賛に**アタイ**する。	値	それだけの値打ちがある
1477	体の**ヘイコウ**を失って倒れる。	平衡	誤 平衝× 類義 均衡
1478	食事の前に手を**アラ**う。	洗	音は、セン（洗剤・洗濯）
1479	雲の間から月の**アワ**い光がさす。	淡	音は、タン（淡水・冷淡）
1480	大切な用事を**ス**ませる。	済	音は、サイ（弁済・経済）
1481	花を飾って部屋の**フンイキ**を変える。	雰囲気	「フインキ」と読むのは誤り

52 漢字の書き ㉙

▽——線のカタカナを漢字に直しなさい。

番号	問題	解答	ワンポイント
1482	新規事業に**サンチョウ**円の予算を盛り込む。	三兆	兆の筆順は、丿丬丬兆兆兆
1483	選挙の**カイヒョウ**率はまだ十パーセントだ。	開票	票は、「選挙に使う札」
1484	どこからか魚を**ヤ**くにおいがする。	焼	誤 燃
1485	夜空を仰いで冬の**セイザ**を観察する。	星座	座の内部の縦棒は八画目
1486	その差は**レキゼン**としている。	歴然	はっきりとしている様子
1487	最悪の事態は**カイヒ**することができた。	回避	避の右側は辟
1488	文化祭の準備で**イソガ**しい。	忙	音は、ボウ（忙殺・多忙）
1489	この詩の特徴は**インリツ**の優れた点にある。	韻律	韻の部首は、「おと」（音）
1490	白球は大きな弧を**エガ**いてスタンドに入った。	描	音は、ビョウ（描写・素描）
1491	試合はとうとう**エンチョウ**戦に入った。	延長	誤 廷×長 対義 短縮
1492	料理の**ウデ**が上がる。	腕	音は、ワン（腕力・敏腕）

獲得ポイント P

トライ1 /25

トライ2 /25

0 500 1000 1500 2000 2500 3000 GOAL

番号	問題	解答	解説
1493	危険をオカして出発する。	冒	同訓異字 罪を犯す・領土を侵す
1494	テッコウ業が盛んになる。	鉄鋼	どちらも「かねへん」(金)
1495	商用で大阪にオモムく。	赴	音は、フ(赴任)
1496	オロかな行動を反省する。	愚	音は、グ(愚鈍・愚問)
1497	二つをイッショにしてはいけない。	一緒	誤 一諸×
1498	ここからは駐車禁止クイキだ。	区域	細かく仕切られた地域
1499	ハグキから血が出る。	歯茎	茎の音は、ケイ(地下茎)
1500	大学の研究トウを新築する。	棟	長いむねのある建物
1501	ヒロウのため学校を欠席した。	疲労	誤 波×労
1502	あの先生はイヒョウを突く出題が多い。	意表	意外なこと。思いがけないこと
1503	大雨でカセンが氾濫する。	河川	河は、ふつう大きな川に用いる
1504	店員がイセイのいい声をかけてきた。	威勢	威は、女の上の「一」を忘れずに
1505	南の島でカッショクの肌になる。	褐色	誤 喝×色・渇×色
1506	彼の絵の才能は母親からのイデンだ。	遺伝	誤 遣×伝

53 漢字の書き ㉚

▽——線のカタカナを漢字に直しなさい。

番号	問題	解答	ワンポイント
1507	**トウゲ**の茶屋で一休みする。	峠	部首は「やまへん」(山)
1508	罪を犯し、**シュウジン**となる。	囚人	【誤】因×人
1509	**ヨイ**の明星を見つける。	宵	部首は、「うかんむり」(宀)
1510	エネルギーの研究を**ショウレイ**する。	奨励	良いことだとして、すすめる
1511	うなぎの**ネドコ**と呼ばれる間取り。	寝床	床のほかの訓は、ゆか(床暖房)
1512	僕の決意は**キョウコ**だ。	強固	強のほかの音は、ゴウ(強引)
1513	遠いところをお越しいただき**キョウシュク**です。	恐縮	縮の右側は宿(シュク)で、音を示す
1514	放課後は電車で**ジュク**に通う。	塾	【似】熟
1515	**ガイロジュ**の桜が咲き始めた。	街路樹	街の中央部は圭
1516	この金庫はとても**ガンジョウ**だ。	頑丈	がっしりしている様子
1517	再会を**キ**して、友と別れた。	期	決心する。約束する

獲得ポイント

トライ1 /25

トライ2 /25

番号	問題	解答	解説
1518	**キイ**な態度に皆の視線が向けられた。	奇異	類義 奇妙・奇怪
1519	宇宙から**キカン**する。	帰還	誤 帰環×
1520	急な大雨で山が**クズ**れる。	崩	音は、ホウ(崩壊・崩御)
1521	**アワ**てて目をそらす。	慌	部首は、「りっしんべん」(忄)
1522	今度の**キュウカ**には海に行きたい。	休暇	暇の訓は、ひま
1523	**キュウキュウ**箱を備える。	救急	誤 急×救×
1524	ふるさとに**フタタ**び舞い戻って来た。	再	音は、サイ(再生)・サ(再来年)
1525	会計の仕事を後輩に**イショク**する。	委(依)嘱	誤 委属×／読みも頻出
1526	王様が朝食を**メ**し上がる。	召	音は、ショウ(召致・召集)
1527	母が私の**カンビョウ**をしてくれた。	看病	看は、「手をかざして見る様子」
1528	食中毒の**カンジャ**が多く入院している。	患者	患の訓は、わずら(う)
1529	川の水でのどの**カワ**きをいやした。	渇	同訓異字 洗濯物が乾く
1530	菊の花を**カンショウ**する。	観賞	同音異義 美術を鑑賞する
1531	大統領は議案に対して**キョヒ**権を行使した。	拒否	拒は、「手でふせぐ、さえぎる」

54 漢字の書き ㉛

▽——線のカタカナを漢字に直しなさい。

番号	問題	解答	ワンポイント
1532	食肉用の**カチク**を育てる。	家畜	畜は、「飼われている動物」
1533	次世代を**ニナ**う若者たち。	担	担の音は、タン（担任・担当）
1534	**ワズラ**わしい業務から片付ける。	煩	読み 煩雑（はんざつ）・煩悩（ぼんのう）
1535	蚕が**クワ**の葉を食べる。	桑	音は、ソウ（桑園）
1536	**リョウハン**店で電化製品を買う。	量販	大量に売る
1537	社長**レイジョウ**とお見合いする。	令嬢	嬢は、「未婚の女性」
1538	ランナーが**ニルイ**に走る。	二塁	誤 二累×
1539	カーテンで日光を**サエギ**る。	遮	音は、シャ（遮断）／読みも頻出
1540	彼は絵を見る目が**コ**えている。	肥	音は、ヒ（肥料・肥満）
1541	不正な**コウイ**は許しません。	行為	おもに意志を持った行いを指す
1542	二人の娘は**コウゴ**に母の看病をした。	交互	互い違いに。かわるがわる

獲得ポイント P

トライ 1 ／25

トライ 2 ／25

漢字の書き㉛

番号	問題	解答	解説
1543	**コウシュウ**衛生の向上に努める。	公衆	衆の下部は豕としないこと
1544	我々は、情報の**コウズイ**の中で生きている。	洪水	洪は、「おおみず」
1545	貿易**マサツ**が激化する。	摩擦	誤 磨擦×
1546	戦争で都市が**コウハイ**する。	荒廃	荒れて、廃れる
1547	周囲の状況を**コウリョ**して決定するべきだ。	考慮	慮の部首は、「こころ」(心)
1548	血も**コオ**るような思いがした。	凍	誤 涷×
1549	**コキョウ**の自然が懐かしく思われる。	故郷	郷の中央は良ではない
1550	部活動の**コモン**の先生の意見を聞く。	顧問	顧の訓は、かえり(みる)
1551	**ゴカイ**を招くような言動は慎むべきだ。	誤解	類義 曲解・混同
1552	この件にはかなりの時間と労力を**ツイ**やした。	費	音は、ヒ(費用・会費)
1553	服をハンガーに**カ**ける。	掛	同訓異字 架ける・駆ける・懸ける
1554	議案は**サンセイ**多数で可決された。	賛成	類義 賛同・同意
1555	彼は一代で今の**ザイサン**を築いた。	財産	誤 材×産 類義 資産・身代
1556	その意見に反対する者が大半を**シ**めた。	占	読み 独占(どくせん)・占(うらな)う

LEVEL B

55 漢字の書き ㉜

▽——線のカタカナを漢字に直しなさい。

番号	問題	解答	ワンポイント
1557	**トクメイ**で投書する。	匿名	匿は、「かくす・かくまう」
1558	無事に工事が**カンリョウ**する。	完了	類義 終了・完結
1559	刑事が撃たれて**ジュンショク**する。	殉職	職責を果たすために死ぬこと
1560	**ノキシタ**で雨宿りする。	軒下	軒の部首は、「くるまへん」（車）
1561	不景気のため、経費の**セツヤク**に努力する。	節約	節の部首は、「たけかんむり」（⺮）
1562	ここは道が**セマ**くて、通行に不便だ。	狭	誤 挟・峡
1563	原稿の締め切りが**セマ**っている。	迫	音は、ハク（迫力・脅迫）
1564	近親者が亡(な)くなり、**モ**に服す。	喪	音は、ソウ（喪失）
1565	交通**ジュウタイ**で車が動かない。	渋滞	どちらも「さんずい」（氵）
1566	まだ心の**ジュンビ**ができていない。	準備	誤 準×備
1567	彼の言うことは**シンライ**できる。	信頼	信じて、頼る

獲得ポイント

トライ1 ／25

トライ2 ／25

番号	問題	答え	解説
1568	学校新聞が**ス**り上がった。	刷	音は、サツ（印刷・刷新）
1569	母の気持ちは**スイサツ**がつく。	推察	類義 推測・推量
1570	彼は**スグ**れた才能の持ち主だ。	優	読み 優秀（ゆうしゅう）・優しい（やさ）
1571	枕草子（まくらのそうし）は日本で最初の**ズイヒツ**文学である。	随筆	随の部首は、「こざとへん」（阝）
1572	どんな**シレン**にも耐える決意だ。	試練	試し、鍛えること
1573	与えられた仕事を**セイジツ**に仕上げる。	誠実	まじめで真心があること
1574	日本は西欧の文化を巧みに**ショウカ**した。	消化	誤 消火×
1575	**セイライ**の意地っ張りで親を困らせた。	生来	生まれつき
1576	その事件は大いに**セケン**を騒がせた。	世間	世の中。自分の生活の範囲
1577	恐ろしい話を聞いて**セスジ**が寒くなった。	背筋	背の部首は、「にく」（肉）
1578	新しい規則を**セッテイ**する。	設定	設けて、定める
1579	**ラクノウ**家の仕事は早朝から始まる。	酪農	酪の部首は、「とりへん」（酉）
1580	用紙の**ウラ**にも目を通す。	裏	誤 裏
1581	ライオンは**ヒャクジュウ**の王といわれる。	百獣	獣の訓は、けもの（獣道）

56 漢字の書き㉝

▽――線のカタカナを漢字に直しなさい。

番号	問題	解答	ワンポイント
1582	ソウホウの合意が得られた。	双方	双の訓は、ふた(双子)
1583	ロウバシンながら言わせていただく。	老婆心	婆は、波の下に女
1584	レポートの文章をネる。	練	音は、レン(練習・練磨)
1585	近くにいる人に道をタズねる。	尋	音は、ジン 同訓異字 史跡を訪ねる
1586	夕日が西にシズむ。	沈	音は、チン(沈黙・沈下)
1587	室内はサイテキな温度だ。	最適	誤 最敵×・最摘×
1588	電車のキップを買う。	切符	誤 切府×・切付×
1589	ご機嫌ウカガいの手紙を書く。	伺	部首は、「にんべん」(亻)
1590	君の信念の強さはソンケイに値する。	尊敬	尊び、敬う
1591	ご飯がおいしそうにタけた。	炊	音は、スイ(炊飯・炊事)
1592	仕事もせず、タイダな生活を送る。	怠惰	対義 勤勉

獲得ポイント
トライ1 /25
トライ2 /25

番号	問題	解答	解説
1593	**タイボウ**の修学旅行の日が来た。	待望	待ち望む
1594	友人の言葉に心が**ナグサ**められる。	慰	音は、イ(慰留・慰安)
1595	新総理は、ただちに内閣を**ソシキ**した。	組織	どちらも「いとへん」(糸)
1596	小説の**ソザイ**を求めて旅をする。	素材	もと(素)になる材料
1597	どんな**ダイショウ**を払ってもやり抜く決意だ。	代償	誤 代賞×
1598	研究はまだ実験の**ダンカイ**です。	段階	段の部首は、「るまた」(殳)
1599	彼らとは**ソエン**になっている。	疎遠	疎の訓は、うと(い・む)
1600	けんかの**チュウサイ**に入る。	仲裁	裁の部首は、「ころも」(衣)
1601	新記録に**チョウセン**する。	挑戦	挑の訓は、いど(む)
1602	妹は**センサイ**な感覚の持ち主だ。	繊細	感情などが細やかであること
1603	**クラ**から価値のあるつぼが見つかる。	蔵	音は、ゾウ(貯蔵・無尽蔵)
1604	山頂からの**ソウダイ**な眺めに心を打たれる。	壮大	類義 雄大
1605	将来は教職に**ツ**きたい。	就	誤 付・就
1606	開演を**ツ**げるベルが館内に鳴り響いた。	告	音は、コク(告発・広告)

LEVEL B

57 漢字の書き ㉞

▽――線のカタカナを漢字に直しなさい。

番号	問題	解答	ワンポイント
1607	事件の早期解決を**ハカ**る。	図	同訓異字 計る・量る・測る・諮る
1608	ゴミ処理の問題について**トウロン**する。	討論	どちらも「ごんべん」（言）
1609	国が違えば、生活や習慣が**コト**なる。	異	音は、イ（異常・異端）
1610	ボールは**コ**を描いて高く飛んでいった。	弧	誤 孤
1611	東京は、日本の政治経済の**スウジク**である。	枢軸	活動の中心となる部分
1612	試合でアメリカに**エンセイ**する。	遠征	征の部首は、「ぎょうにんべん」（彳）
1613	この機械は**アツカ**いにくい。	扱	送りがなに注意
1614	**ゲンガク**四重奏に聴き入る。	弦楽	弦の部首は、「ゆみへん」（弓）
1615	この店は**オロシネ**で販売している。	卸値	誤 御値×
1616	工場の騒音に**ナヤ**まされる。	悩	音は、ノウ（苦悩・煩悩（ぼんのう））
1617	もう少しその案を**ニ**つめる必要がある。	煮	者に「れんが・れっか」（灬）

獲得ポイント

トライ1 /25

トライ2 /25

番号	問題	答え	解説
1618	周囲の心配などまるで**ネントウ**になかった。	念頭	心。考え
1619	あの先生は**ネンレイ**よりも若く見える。	年齢	齢の部首は、「はへん」(歯)
1620	引っ越しの荷物をトラックに**ノ**せる。	載	同訓異字 人を車に乗せる
1621	山が夕日に**ハ**えて鮮やかに染まる。	映	同訓異字 努力の成果が栄える
1622	校庭の落ち葉を**ハ**いて集める。	掃	音は、ソウ(掃除・清掃)
1623	責任を**ハ**たすことができてほっとする。	果	音は、カ(果実・因果)
1624	燃料が**トボ**しくなってきた。	乏	音は、ボウ(欠乏・貧乏)
1625	気づかないうちに時計が**クル**っていた。	狂	音は、キョウ(狂喜・熱狂)
1626	悲しみが大きく、涙が**タキ**のように流れた。	滝	部首は、「さんずい」(氵)
1627	冷めたスープを**アタタ**める。	温	同訓異字 室内を暖める
1628	何があっても初志を**ツラヌ**いてほしい。	貫	音は、カン(貫通・貫徹)
1629	彼女は歌が**バツグン**にうまい。	抜群	群を抜く
1630	姉がピアノを**ヒ**く。	弾	読み 弾力(だんりょく)・弾む(はずむ)・流れ弾(だま)
1631	**ヨウコウロ**で鉄をとかす。	溶鉱炉	溶の訓は、と(かす)

58 漢字の書き㉟

▽——線のカタカナを漢字に直しなさい。

番号	問題	解答	ワンポイント
1632	**コツズイ**移植のために渡米する。	骨髄	誤 骨随×／骨の組織
1633	**ワンガン**道路を車で走る。	湾岸	湾は、「陸地に入り込んだ海」
1634	**ブタ**に真珠	豚	音は、トン（養豚）
1635	**ニンタイ**強く勉強を続けた。	忍耐	忍び、耐える
1636	読んだ本を元の位置に**モド**す。	戻	誤 戾
1637	自然の中に生命の**ヤクドウ**を感じる。	躍動	躍は、「足で高く跳び上がる」
1638	水槽の水が**ニゴ**る。	濁	音は、ダク（汚濁・濁音）
1639	数**カショ**の誤りを発見した。	箇所	誤 箇所×
1640	大切なノートを**フンシツ**してしまった。	紛失	誤 粉失×／紛れて、失う
1641	彼女は寒さに**フル**えている。	震	音は、シン（耐震・震動）
1642	店の主人が**ブアイソウ**な態度で客をあしらう。	無愛想	人当たりが悪いこと

獲得ポイント P

トライ1 ／25

トライ2 ／25

0 500 1000 1500 2000 2500 3000 GOAL

LEVEL A LEVEL B LEVEL C

漢字の書き㉟

番号	問題	答え	解説
1643	この飲み物にはアルコールが**フク**まれている。	含	音は、ガン(含蓄・包含)
1644	澄んだ鐘の音が町に**ヒビ**き渡った。	響	音は、キョウ(影響)・ゴウ(郷士)
1645	社会福祉事業に**ホウシ**する。	奉仕	誤 奏仕×
1646	事件は新聞で大きく**ホウドウ**された。	報道	この場合の道は、「言う・語る」
1647	貴重品を金庫に**ホカン**する。	保管	誤 保官×
1648	先生は彼女の努力を大いに**ヒョウカ**した。	評価	評は、価値を判断する
1649	平家は**ホロ**び、源氏の代(よ)となった。	滅	音は、メツ(滅亡・壊滅)
1650	机の**マワ**りをきれいに片付けなさい。	周	同訓異字 身の回り
1651	彼の運転は**ミジュク**なので心配だ。	未熟	対義 成熟・円熟
1652	遺産をめぐる兄弟の**ミニク**い争い。	醜	音は、シュウ(醜態・醜聞)
1653	**ミョウ**なうわさを耳にする。	妙	不思議。理屈に合わない
1654	**ワカ**い人材が育つ。	若	読み 若年(じゃくねん)・老若(ろうにゃく)・若(も)しくは
1655	この糸は綿と**アサ**の混紡だ。	麻	音は、マ(麻酔・快刀乱麻)
1656	**ドウヨウ**を口ずさむ。	童謡	同音異義 動揺を抑える

LEVEL B

59 漢字の書き㊱

▽——線のカタカナを漢字に直しなさい。

番号	問題	解答	ワンポイント
1657	横になって**ミャク**をはかる。	脈	部首は、「にくづき」(月)
1658	**サトウ**と塩を少々加える。	砂糖	糖の部首は、「こめへん」(米)
1659	五重の**トウ**を見学した。	塔	高い建物
1660	天然**コウボ**を使ってパン生地を作る。	酵母	発酵させるために使う菌
1661	**クサ**いにおいが立ちこめる。	臭	音は、シュウ(異臭・悪臭)
1662	新車を購入し、**ゲップ**で支払う。	月賦	月々に払うこと
1663	植物を**サイシュウ**する。	採集	採って、集める
1664	辞書の**サクイン**を見る。	索引	索は、「探す・求める」
1665	動物の**シイク**には愛情が大切だ。	飼育	飼って、育てる
1666	見た目より**ナカミ**が大切だ。	中身	誤 中味×
1667	全員が**レイセイ**に避難した。	冷静	冷の部首は、「にすい」(冫)

漢字の書き ㊱

番号	問題	答え	解説
1668	ろうそくの**ホノオ**を見つめる。	炎	音は、エン（炎症・炎上）
1669	神社**ブッカク**を見て回ることが好きだ。	仏閣	閣の部首は、「もんがまえ」（門）
1670	君はもう**リッパ**な大人だ。	立派	誤 立波×
1671	**ユウビン**切手を集める。	郵便	便のほかの音は、ベン（便利・不便）
1672	引き取り手のない忘れ物は**ショブン**する。	処分	「罰する」の意味もある（退学処分）
1673	日が暮れて、ようやく**スズ**しい風が吹いてきた。	涼	音は、リョウ（涼風・荒涼）
1674	この春、新しい文芸雑誌が**ソウカン**される。	創刊	類義 発刊　対義 廃刊
1675	敵の退路を**タ**つ。	断	ほかの訓は、ことわ（る）
1676	前任者の仕事を引き**ツ**ぐ。	継	同訓異字 来客を取り次ぐ
1677	校門の前の**テイリュウジョ**で待っている。	停留所	誤 亭×留所
1678	所有権が**オカ**される。	侵	同訓異字 法を犯す・危険を冒す
1679	事故現場は二時間後に**フッキュウ**した。	復旧	誤 復休×
1680	道路の**ホシュウ**工事が行われる。	補修	同音異義 補習
1681	財産を湯水のように**ロウヒ**する。	浪費	浪は、「むだに」

60 漢字の書き㊲

▽——線のカタカナを漢字に直しなさい。

番号	問題	解答	ワンポイント
1682	食材をよく**ギンミ**する。	吟味	どちらも「くちへん」(口)
1683	**ガイトウ**者は起立してください。	該当	条件などに当てはまること
1684	事態の**シュウシュウ**には時間がかかる。	収拾	誤 収集×
1685	三勢力が**キンコウ**を保つ。	均衡	誤 均衝×
1686	時代を超えた**フキュウ**の名作。	不朽	同音異義 普及率・不眠不休
1687	思い出の地を訪れ、**カンガイ**深い気持ちになる。	感慨	誤 感概×
1688	想像力が**ケツジョ**している。	欠如	如のほかの音は、ニョ(如実)
1689	過去の栄光に**シュウチャク**する。	執着	執のほかの音は、シツ(執筆)
1690	進学か就職かの選択の**キロ**に立つ。	岐路	岐は、「分かれ道」
1691	家族そろって**キセイ**する。	帰省	同音異義 規制・既成・既製
1692	昭和の**フゼイ**を感じる店内。	風情	味わい。おもむき

獲得ポイント

トライ1 /25

トライ2 /25

番号	問題	解答	解説
1693	突然辞表を出され、**コンワク**する。	困惑	困り、惑う
1694	**ザットウ**に紛れて姿を見失う。	雑踏	踏の訓は、ふ(む)
1695	立ち退きの要求を**コバ**む。	拒	音は、キョ（拒否・拒絶）
1696	詩人の心情が**ギョウシュク**された表現。	凝縮	凝の訓は、こ(る)
1697	軍を**トウスイ**する立場にある。	統帥	誤 統師×
1698	部活動を通じて友情を**ツチカ**う。	培	音は、バイ(栽培・培養)
1699	私の**ユイイツ**の趣味は陶芸です。	唯一	ただ一つであること
1700	樹木の**バッサイ**により、森林破壊が進む。	伐採	誤 抜×採
1701	期待と不安が**コウサク**する。	交錯	錯の部首は、「かねへん」（金）
1702	結論は議長に**ユダ**ねます。	委	音は、イ(委員・委託)
1703	紙面の**テイサイ**を変更する。	体裁	誤 体栽×／読みも頻出
1704	荒々しい**クチョウ**で話す。	口調	読みも頻出
1705	利用者の**ベンギ**を図る工夫をする。	便宜	誤 便宣×／読みも頻出
1706	物価の上昇を**オサ**える。	抑	音は、ヨク(抑圧・抑揚)

61 漢字の書き ㊳

▽ ——線のカタカナを漢字に直しなさい。

番号	問題	解答	ワンポイント
1707	**シンシ**淑女が会場に集まる。	紳士	対義 淑女
1708	彼の提案を**ショウダク**する。	承諾	承の訓は、うけたまわ(る)
1709	**センパク**を操縦する免許。	船舶	どちらも「ふねへん」(舟)
1710	新幹線の**シャショウ**になりたい。	車掌	掌は、「つかさどる」
1711	**ヒレツ**な行為は許さない。	卑劣	卑しく、劣っている
1712	友人の趣味は**ショウギ**だ。	将棋	棋の部首は、「きへん」(木)
1713	**ブトウ**会で着るドレスを買う。	舞踏	踏の訓は、ふ(む)
1714	昆虫の**シユウ**を見分ける。	雌雄	雌(めす)と雄(おす)
1715	**コウテイ**が権力を振りかざす。	皇帝	帝は、「みかど」
1716	都道府県**チョッカツ**の施設。	直轄	直接管轄すること
1717	不祥事を社長が**チンシャ**する。	陳謝	謝の訓は、あやま(る)

獲得ポイント P

トライ1 /25

トライ2 /25

番号	問題	解答	解説
1718	**キョクド**の緊張に足が震える。	極度	程度がはなはだしいこと
1719	**カコク**な労働条件で働く。	過酷	過の訓は、す(ぎる)
1720	長年の努力の**セイカ**が表れる。	成果	誤 成価×
1721	川の水で**センタク**をする。	洗濯	どちらも「さんずい」(氵)
1722	矛盾を**ホウガン**した企画を立てる。	包含	包み、含む
1723	飛行機が**カッソウ**を始める。	滑走	滑の訓は、すべ(る)
1724	**アカツキ**の空に輝く金星。	暁	夜が明けようとするころ
1725	天変地異に**オソ**われる。	襲	音は、シュウ(襲撃・逆襲)
1726	急ぎの仕事が**サンセキ**する。	山積	誤 山績×
1727	新しい生活に**ジュンノウ**する。	順応	応を「ノウ」と読む熟語に、「反応」
1728	勇気を**フル**い起こす。	奮	誤 奪/音は、フン(興奮・奮闘)
1729	水を吸って**ボウチョウ**する。	膨張(脹)	膨の訓は、ふく(らむ)
1730	この絵はお**セジ**にも上手とは言えない。	世辞	誤 世事×
1731	夏休みの**ダセイ**で寝過ごす。	惰性	どちらも「りっしんべん」(忄)

LEVEL B

62

漢字の書き ㊴

▽――線のカタカナを漢字に直しなさい。

番号	問題	解答	ワンポイント
1732	古い木の橋が**ク**ちて落ちる。	朽	音は、キュウ(不朽・老朽)
1733	言論の自由は**ヨクアツ**できない。	抑圧	抑の訓は、おさ(える)
1734	産業界の頂点に**クンリン**する。	君臨	絶対的勢力を持つこと
1735	悪戦**クトウ**して山に登る。	苦闘	誤 苦鬪×
1736	最後まで**ヨダン**を許さない。	予断	前もって判断すること
1737	秘密を**バクロ**する。	暴露	誤 暮露×／読みも頻出
1738	祖国のため、**ユウカン**に戦った。	勇敢	勇の訓は、いさ(む)
1739	自然の恵みを**キョウジュ**する。	享受	受け入れて自分のものにすること
1740	**リンジン**が消火を手伝ってくれた。	隣人	隣の訓は、となり、とな(る)
1741	生涯の**シシン**を与えた人物。	指針	進むべき方針
1742	**エンカツ**に事を運ぶ。	円滑	誤 円活×／読みも頻出

獲得ポイント P

トライ1 ／25

トライ2 ／25

漢字の書き㊴

No.	問題	解答	解説
1743	**ネンキ**が入った見事な腕前。	年季	誤 年委×
1744	**ナマ**け者の節句働き	怠	音は、タイ(怠惰・怠慢)
1745	**ボウシ**を取って挨拶する。	帽子	帽の部首は、「はばへん・きんべん」(巾)
1746	**サッコン**の寒さは格別です。	昨今	今日このごろ
1747	欲望には**サイゲン**がない。	際限	どちらも部首は、「こざとへん」(阝)
1748	万全の**ソチ**をとる。	措置	誤 措治×
1749	ここが友人が**ヒンパン**に通う店だ。	頻繁	読みも頻出
1750	**ショウソウ**の念にかられる。	焦燥	いらだち、焦ること
1751	**ドジョウ**を改良する。	土壌	誤 土譲×
1752	天の**ケイジ**を受ける。	啓示	同音異義 ポスターを掲示する
1753	**ドウリョウ**と花見に出かける。	同僚	誤 同寮×
1754	大漁旗を**カカ**げた船。	掲	音は、ケイ(掲載・掲揚)
1755	爆音が夜の**セイジャク**を破る。	静寂	寂の訓は、さび(しい)
1756	放置自転車を**テッキョ**する。	撤去	誤 徹去× 類義 撤収

LEVEL B

63 漢字の読み⑮

▽——線の漢字の読み方を書きなさい。

番号	問題	解答	ワンポイント
1757	**微妙**な違いを指摘する。	びみょう	細かな意味や味わいが含まれている様子
1758	新しい考え方が社会全体に**浸透**する。	しんとう	浸の訓は、ひた(す)
1759	あちこちの田で、稲の**収穫**が始まる。	しゅうかく	農作物を取り入れること。成果
1760	**漠然**とした説明ではわからない。	ばくぜん	ぼんやりしてはっきりしない様子
1761	彼の意見はちょっと**極端**すぎる。	きょくたん	ひどくかたよっている様子
1762	事故の原因を**分析**する。	ぶんせき	対義 総合
1763	チームの優勝に、みんな**興奮**していた。	こうふん	感情が高ぶること
1764	町内で**奇妙**な出来事が起きた。	きみょう	普通とは変わっていること
1765	象が鼻を使って水を**浴**びている。	あ	音は、ヨク(日光浴・浴室)
1766	家の庭でミニトマトを**栽培**する。	さいばい	草木を植え育てること。
1767	彼の趣味は映画**鑑賞**だ。	かんしょう	芸術作品を味わうこと

獲得ポイント P

トライ1 /25

トライ2 /25

漢字の読み ⑮

番号	問題	読み	解説
1768	レバーを**操作**してクレーンを動かす。	そうさ	操の訓は、あやつ(る)
1769	長年の知識の**蓄積**が役立った。	ちくせき	蓄えためること
1770	日本の科学者が、ある新説を**唱**えた。	とな	音は、ショウ(暗唱・唱和)
1771	みんなを動かすには、理由が**希薄**だ。	きはく	対義 濃厚
1772	父の教えに**背**く。	そむ	読み 背面(はいめん)・背中(せなか)・背比べ(せいくらべ)
1773	**端的**に言えば、あなたの発言に反対だ。	たんてき	手っ取り早く率直な様子
1774	**依然**として状況は好転しない。	いぜん	元のままである様子
1775	世の中の**風潮**にあらがって生きる。	ふうちょう	その時代の世間の傾向
1776	混雑を**避**けて行動する。	さ	音は、ヒ(逃避・避難)
1777	その説明には何の**根拠**もない。	こんきょ	よりどころ。ねじろ
1778	都市の**基盤**を整備する。	きばん	物事の土台。基礎
1779	あらゆる権利を**放棄**する。	ほうき	投げ捨てること
1780	クラスの卒業文集が**編**まれる。	あ	音は、ヘン(編集・編入)
1781	しばしば意見の**衝突**が起こる。	しょうとつ	ぶち当たること

LEVEL B

64 漢字の読み ⑯

▽――線の漢字の読み方を書きなさい。

番号	問題	解答	ワンポイント
1782	自分の経験をつい**誇張**して話してしまう。	こちょう	実際よりも大げさに言うこと
1783	彼女の名前の**由来**を尋ねる。	ゆらい	物事の起こり。いわれ
1784	今後の経済の動向には、**厳**しい見方がある。	きび	音は、ゲン（厳密・厳正）
1785	父が家族の家計を**支**えている。	ささ	音は、シ（支出・支援）
1786	彼が問題解明の鍵を**握**っている。	にぎ	音は、アク（握手・把握）
1787	我が国は、戦争の**脅威**にさらされている。	きょうい	おびやかし、おどかすこと
1788	もっと仕事の**無駄**を省くべきだ。	むだ	役に立たないこと。よけいなもの
1789	蜂（はち）がこの花の受粉を**媒介**している。	ばいかい	間に立って取り持つもの
1790	最近、**愉快**な経験をした。	ゆかい	対義 不愉快・不快
1791	**効率**的に学習を進める。	こうりつ	類義 能率
1792	日ごろから災害に**備**えておく。	そな	音は、ビ（整備・準備）

獲得ポイント

トライ 1 ／25

トライ 2 ／25

番号	問題	読み	解説
1793	相手に対する**偏見**は捨てるべきだ。	へんけん	偏の訓は、かたよ(る)
1794	**該当**する人は挙手してください。	がいとう	条件などに当てはまること
1795	年とともに筋力の**衰**えを感じる。	おとろ	音は、スイ(衰退・盛衰)
1796	小野妹子（おののいもこ）は朝廷により隋（ずい）に**派遣**された。	はけん	命じて人を行かせること
1797	みんな好き勝手動くので、**収拾**がつかない。	しゅうしゅう	混乱した状況をとりまとめること
1798	**懸命**の努力がいつかは実るだろう。	けんめい	力いっぱいがんばること
1799	彼女は**繊細**な感性の持ち主だ。	せんさい	感情が細やかで感じやすいこと
1800	**冒頭**から観客は映像に引き込まれた。	ぼうとう	物事のはじめ
1801	彼女の助言がこの件を成功に**導**いた。	みちび	音は、ドウ(指導・誘導)
1802	**透明**なビニールで覆いをする。	とうめい	透の訓は、す(ける)
1803	旅立つ友と**名残**を惜しむ。	なごり	特別な読み方
1804	ここは**起伏**のある土地だ。	きふく	関連 栄枯盛衰・七転八起
1805	学習の**範囲**を絞る。	はんい	類義 領域・領分
1806	どの商品を買うか、**比較**して決める。	ひかく	類義 類比・対比

65 漢字の読み ⑰

▽——線の漢字の読み方を書きなさい。

番号	問題	解答	ワンポイント
1807	当初の目標を**完遂**した。	かんすい	遂の訓は、と(げる)
1808	全員に注意を**喚起**する。	かんき	呼び起こすこと
1809	開場まで一刻の**猶予**もない。	ゆうよ	日時を延ばすこと
1810	**漆塗**りの工芸品が展示される。	うるしぬ	漆の汁から作った塗料
1811	会社設立のために**奔走**する。	ほんそう	忙しく立ち回ること
1812	アルバイトで生活費を**稼**ぐ。	かせ	音は、カ(稼業・稼動)
1813	**珠玉**の詩として絶賛される。	しゅぎょく	美しいもののたとえ
1814	観光地に**遊戯**施設が並ぶ。	ゆうぎ	娯楽などの遊び
1815	物を大切に**扱**う。	あつか	手で使う。操作する
1816	彼は十冊の小説を**著**した。	あらわ	本を書く。書かれた本は「著書」
1817	犯した過ち(あやま)を**償**う。	つぐな	損害や罪を埋め合わせる

獲得ポイント

トライ1 /25

トライ2 /25

LEVEL A LEVEL B LEVEL C

漢字の読み ⑰

番号	問題	読み	意味・ポイント
1818	我が身の不運を**恨**む。	うら	音は、コン（遺恨・痛恨）
1819	身の危険を**悟**って引き返した。	さと	はっきりと理解する。見抜く
1820	人の陰口を言うのは**醜**いことだ。	みにく	音は、シュウ（醜悪・醜聞）
1821	彼の説明に言葉を**補**う。	おぎな	音は、ホ（補充・補足）
1822	机の上の書類に目を**注**いだ。	そそ	音は、チュウ（注視・注射）
1823	**含蓄**のある言葉を聞く。	がんちく	味わいのある深い意味
1824	祖母は、私の誕生祝いに赤飯を**炊**いた。	た	音は、スイ（炊事・雑炊）
1825	低くかすかな響きが大地を**揺**さぶった。	ゆ	音は、ヨウ（動揺）
1826	この事柄は会議に**諮**って決めた。	はか	専門家やほかの人の意見を聞く
1827	あなたのご意見は**承**りました。	うけたまわ	聞く・承諾する・受けるの謙譲語
1828	無駄な工程は極力**省**く。	はぶ	読み 反省（はんせい）・省略（しょうりゃく）・省みる（かえりみる）
1829	何か**鈍**い音がした。	にぶ	音は、ドン（鈍感・鈍角）
1830	その方法は**賢**いやり方とは言えない。	かしこ	音は、ケン（賢明・賢人）
1831	そんなことは日常**茶飯事**だ。	さはんじ	何でもないありふれたこと

66 漢字の読み ⑱

▽——線の漢字の読み方を書きなさい。

番号	問題	解答	ワンポイント
1832	**養鶏**場から新鮮な卵が出荷される。	ようけい	にわとりを飼うこと
1833	**背伸**びをして高い所の物を取る。	せの	伸の音は、シン（伸展・伸縮）
1834	**彫塑**の作品で賞をとる。	ちょうそ	彫像と塑像
1835	玄関先をほうきで**掃**く。	は	音は、ソウ（清掃・掃除）
1836	ひそかに反乱を**企**てる。	くわだ	音は、キ（企画・企業）
1837	**謙虚**な振る舞いに好感が持てる。	けんきょ	へりくだり、つつましい様子
1838	**湖畔**から白鳥が飛び立つ。	こはん	湖のほとり、周辺
1839	彼に期待したのは、とんだ**誤算**だった。	ごさん	見込み違い
1840	戦火は半島全域に**拡大**した。	かくだい	ひろがること 対義 縮小
1841	銀行にお金を**預**ける。	あず	音は、ヨ（預金）
1842	いらだつ気持ちを**抑制**する。	よくせい	抑え止めること 対義 促成

獲得ポイント

トライ1 /25

トライ2 /25

番号	問題	読み	意味
1843	工事について**近隣**住民に説明する。	きんりん	隣近所
1844	子どもの過（あやま）ちを**戒**める。	いまし	注意する
1845	形式ばかり**模倣**しても意味がない。	もほう	まねること。似せること
1846	結婚を**契機**に怠惰な生活を改めた。	けいき	開始や変化のきっかけ
1847	この辺りは人の往来が**激**しい。	はげ	音は、ゲキ（激励・過激）
1848	**遠慮**がちにものを言う。	えんりょ	言動を控え目にすること
1849	厳しい寒さが**緩**む。	ゆる	音は、カン（緩急・緩和）
1850	木陰で**憩**いのひとときを過ごす。	いこ	心や体を休めること。休息
1851	火の手がすぐそこまで**迫**ってきた。	せま	音は、ハク（迫力・緊迫）
1852	**詩歌**を鑑賞する。	しいか（しか）	詩・短歌・俳句の総称
1853	**雪崩**が発生した。	なだれ	特別な読み方
1854	ぜんそくの**発作**に苦しむ。	ほっさ	症状が急に激しく起こること
1855	**甘美**な夢ばかりを追っていてはいけない。	かんび	うっとりと気持ちのよいこと
1856	彼は球界**屈指**の名投手と言われた。	くっし	数多くの中で、優れていること

LEVEL B

67 漢字の読み ⑲

▽——線の漢字の読み方を書きなさい。

番号	問題	解答	ワンポイント
1857	うそをつくとは**甚**だけしからん。	はなは	音は、ジン（甚大・幸甚）
1858	**恒温**動物の種類を調べる。	こうおん	温度が一定であること 対義 変温
1859	**卓越**した意見を述べる。	たくえつ	卓は、「優れてひときわ高い」
1860	審査員は優秀な作品を**褒**めちぎった。	ほ	音は、ホウ（褒賞・褒美）
1861	包丁を丁寧に**研**ぐ。	と	音は、ケン（研磨・研究）
1862	天プラを**揚**げる。	あ	音は、ヨウ（掲揚・抑揚）
1863	演劇界では**巨匠**と呼ばれる監督だ。	きょしょう	ある方面、特に芸術の大家
1864	工事現場の足場が**撤去**された。	てっきょ	取り去ること
1865	隣国の軍隊が国境を**侵**した。	おか	音は、シン（侵入・侵害）
1866	自然の**摂理**に逆らう。	せつり	物事を支配する法則やきまり
1867	演劇の**魅力**にとりつかれる。	みりょく	人の気持ちを夢中にさせる力

獲得ポイント P

トライ 1 ／25

トライ 2 ／25

番号	問題	読み	意味
1868	重要な地位を**占**める。	し	その位置や役割を取る
1869	母の**安否**を気遣う。	あんぴ	無事かどうかということ
1870	**曇天**の日が続いている。	どんてん	曇り空
1871	学問を**究**めようと、人一倍努力した。	きわ	研究して本質を明らかにする
1872	参考資料を**添**える。	そ	音は、テン(添付・添乗)
1873	初秋の朝夕は**涼**しく感じられる。	すず	音は、リョウ(清涼・納涼)
1874	論旨が**粗**くならないように努める。	あら	細かくない。おおざっぱ
1875	卒業生が母校を**慕**って来校した。	した	恋しく思う
1876	その人形の精巧さは**驚嘆**の的であった。	きょうたん	驚き、感心すること
1877	春の**訪**れを心待ちにしている。	おとず	音は、ホウ(訪問・来訪)
1878	土地の区画が無**秩序**に整理される。	ちつじょ	正しい順序やきまり
1879	病気で**床**についている。	とこ	読み 病床(びょうしょう)・床下(ゆかした)
1880	そのことは議論に**値**しない。	あたい	同訓異字 価
1881	勇気ある行動を**称賛**する。	しょうさん	褒めたたえること

LEVEL B

68 漢字の読み⑳

▽——線の漢字の読み方を書きなさい。

番号	問題	解答	ワンポイント
1882	自宅の**最寄**り駅で電車を降りる。	もよ	近所や付近
1883	体育祭の**応援**合戦が始まる。	おうえん	声を出して味方を励ますこと
1884	**宮殿**の豪華な装飾が目を引く。	きゅうでん	王の御殿
1885	おそるおそる手で**触**れてみる。	ふ	音は、ショク(触覚・抵触)
1886	念のため病院で**診**てもらう。	み	音は、シン(受診・診断)
1887	ひと**粒**も残さずご飯をたいらげる。	つぶ	音は、リュウ(粒子・粒粒辛苦)
1888	**壁掛**けのハト時計が時を知らせる。	かべか	壁の音は、ヘキ(障壁・壁画)
1889	**河川**敷で野球の練習をする。	かせん	大小の川
1890	**胸中**穏やかではなかった。	きょうちゅう	胸の中。心の思い
1891	彼はときどき**冗談**を言う。	じょうだん	ふざけて言う話
1892	この絵は色の**濃淡**が際立(きわだ)っている。	のうたん	濃いことと薄いこと

獲得ポイント

トライ1 /25

トライ2 /25

0 500 1000 1500 2000 2500 3000 GOAL

LEVEL A / LEVEL B / LEVEL C

漢字の読み⑳

番号	問題	読み	解説
1893	親に**勧**められて、この学校に進学した。	すす	音は、カン(勧誘・勧善懲悪)
1894	国王にも**匹敵**する権力を持っている。	ひってき	力の程度が同じくらいであること
1895	精巧な**細工**の宝石箱。	さいく	細かい技術で物を作ること
1896	専制政治の**弊害**を正す。	へいがい	害となる悪いこと
1897	人の道を**踏**み違えてはいけない。	ふ	音は、トウ(雑踏・前人未踏)
1898	白い**足袋**をはく。	たび	特別な読み方
1899	**既知**の世界の向こうに未知の世界が続く。	きち	対義 未知
1900	何を聞かれても返事をせず**黙**っている。	だま	音は、モク(黙認・暗黙)
1901	**神主**からお札を頂く。	かんぬし	神社で神を祭る仕事をする人
1902	彼女にはおもしろい**逸話**がある。	いつわ	世間にあまり知られていない話
1903	**煩雑**な仕事を引き受ける。	はんざつ	混み入っていて、わずらわしいこと
1904	理科の授業で、血液の**循環**について学んだ。	じゅんかん	一回りして元に戻ること
1905	事件は現代社会を**象徴**している。	しょうちょう	抽象的なものを具体物で表すこと
1906	体を**清潔**に保つ。	せいけつ	対義 不潔

69 漢字の読み㉑

▽――線の漢字の読み方を書きなさい。

番号	問題	解答	ワンポイント
1907	赤道の**緯度**は0度だ。	いど	緯は「織物の横糸」 対義 経度
1908	飛行機の**尾翼**に故障が発見された。	びよく	飛行機の後部の翼 対義 主翼
1909	**陪審員**が入廷して着席した。	ばいしんいん	認定をするために裁判に出る一般人
1910	彼女はまじめで**倹約**家だ。	けんやく	無駄遣いをしないこと 類義 節約
1911	決勝戦は**互角**の戦いとなった。	ごかく	力量が同じくらい。五分五分
1912	**隠**し事をしてはならない。	かく	音は、イン(隠滅・隠居)
1913	天気の**概況**を伝える。	がいきょう	大体の様子
1914	この件は役所の**管轄**外だ。	かんかつ	権限により支配する範囲
1915	**軒下**につばめが巣を作った。	のきした	軒の音は、ケン(一軒)
1916	**襟首**をつかんで引き戻す。	えりくび	首筋。うなじ
1917	世界に**誇**ることのできる技術。	ほこ	音は、コ(誇示・誇張)

獲得ポイント

トライ1 /25

トライ2 /25

LEVEL A / LEVEL B / LEVEL C

漢字の読み ㉑

番号	問題	答え	解説
1918	春らしい**装**いで登場する。	よそお	音は、ソウ(装束・装備)
1919	耳を**澄**まして鳥の鳴き声を聞く。	す	音は、チョウ(清澄・澄明)
1920	今までは親の**干渉**のもとで育った。	かんしょう	口出しをして関わり合うこと
1921	部屋には所**狭**しと本が散乱していた。	せま	読み 狭義(きょうぎ)・狭(せば)まる
1922	記事の**執筆**を頼まれる。	しっぴつ	文章を書くこと
1923	私の目には、彼女が天使のように**映**る。	うつ	読み 映像(えいぞう)・映(は)える
1924	行方不明者を**捜索**する。	そうさく	捜の訓は、さが(す)
1925	彼は**慎**み深い人です。	つつし	控え目。遠慮深い様子
1926	何事も**我慢**が必要だ。	がまん	我の訓は、われ、わ
1927	母はただ**恐縮**して小さくなっていた。	きょうしゅく	身も縮まるほど恐れ入ること
1928	気を**遣**いすぎて身がもたない。	つか	音は、ケン(派遣)
1929	実験の経過を**克明**に記録する。	こくめい	細部まではっきりとさせる様子
1930	人を規則で**縛**りつける。	しば	音は、バク(束縛・自縄自縛)
1931	問題の解決は**容易**である。	ようい	類義 簡単 対義 困難

LEVEL B

70 漢字の読み㉒

▽——線の漢字の読み方を書きなさい。

番号	問題	解答	ワンポイント
1932	川沿いを**散策**する。	さんさく	類義 漫歩・遊歩
1933	木と石を**摩擦**させて火をおこす。	まさつ	こすれ合うこと
1934	両親と**一緒**に写真を撮る。	いっしょ	緒の訓は、お（鼻緒）
1935	彼らは自由を**獲得**しようと戦っている。	かくとく	努力して手に入れること
1936	駅構内での禁煙は**徹底**された。	てってい	すみずみまで行き届くこと
1937	確かな**証拠**を握っている。	しょうこ	事実を証明するよりどころ
1938	その話を聞いて皆は強い**衝撃**を受けた。	しょうげき	急に強く心を動かされること
1939	祖父は**感慨**深そうに昔の写真を見た。	かんがい	心にしみじみと感じること
1940	彼は自意識**過剰**だ。	かじょう	多すぎること。あり余ること
1941	この薬は頭痛によく**効**く。	き	効果がある
1942	恩師からよい知恵を**授**かる。	さず	与えられる。いただく

獲得ポイント

トライ1 ／25

トライ2 ／25

0 500 1000 1500 2000 2500 3000 GOAL

No.	問題	読み	意味
1943	日本人の美意識も時代とともに**変遷**した。	へんせん	移り変わること
1944	人生の**辛酸**をなめた。	しんさん	つらい苦しみ
1945	**零下**五度を下回る寒さ。	れいか	温度が摂氏零度以下のこと
1946	二枚の布を**縫**い付ける。	ぬ	音は、ホウ（縫合・裁縫）
1947	**殴打**された跡が青くなる。	おうだ	殴の訓は、なぐ（る）
1948	**奇抜**なデザインの家具。	きばつ	風変わりな様子
1949	**骨髄**移植の手術を受ける。	こつずい	骨の中を満たす柔らかい組織
1950	美しさに**陶酔**しきっていた。	とうすい	うっとりすること
1951	初めての子を大切に**育**む。	はぐく	音は、イク（飼育・養育）
1952	罪を犯して十日間**拘留**される。	こうりゅう	三十日未満、刑事施設に留置すること
1953	大きな川に行く手を**阻**まれる。	はば	音は、ソ（阻止・阻害）
1954	細かい**描写**がなされた小説だ。	びょうしゃ	文章・芸術などで感じたことを表すこと
1955	けが人を**介抱**する。	かいほう	負傷者などを世話すること
1956	祖父の**碁盤**が見つかった。	ごばん	碁を打つのに用いる盤

LEVEL B

71 送りがなのある漢字の書き③

▼――線のカタカナを漢字と送りがなで書きなさい。

番号	問題	解答
1957	スコヤカな成長を願う。	健やか
1958	時代の流れにサカラウ。	逆らう
1959	計算の答えをタシカメル。	確かめる
1960	モッパラ学業のみの毎日だ。	専ら
1961	イキオイが止まらない。	勢い
1962	イソガシイ日々を送る。	忙しい
1963	彼はスルドイ意見を言う。	鋭い
1964	ココロヨイ音楽を聴く。	快い
1965	線路の付近はアブナイ。	危ない
1966	お菓子をイタダク。	頂く
1967	日がカタムク頃に帰宅する。	傾く

番号	問題	解答
1968	暴言はツツシムべきだ。	慎む
1969	祖先をウヤマウ。	敬う
1970	注文をウケタマワル。	承る
1971	オサナイ姉妹が仲良く遊ぶ。	幼い
1972	公平にサバク。	裁く
1973	ワザワイを招く。	災い
1974	緊急時の食料をタクワエル。	蓄える
1975	定年で職をシリゾク。	退く
1976	教室をきれいにトトノエル。	整える
1977	主将がチームをヒキイル。	率いる
1978	洗濯物がカワク。	乾く

獲得ポイント P

トライ1 /50

トライ2 /50

送りがなのある漢字の書き③

番号	問題	答え
1979	日々を有意義にスゴス。	過ごす
1980	生活習慣をアラタメル。	改める
1981	彼の合格をヨロコブ。	喜ぶ
1982	目測をアヤマル。	誤る
1983	サイワイにも命に別状はない。	幸い
1984	フタタビ挑戦する。	再び
1985	医者をココロザス兄。	志す
1986	靴が泥でヨゴレル。	汚れる
1987	歩きすぎてツカレル。	疲れる
1988	庭の柿がウレル。	熟れる
1989	霊前に花をソナエル。	供える
1990	タダチニ計画を中止すべきだ。	直ちに
1991	子犬に餌をアタエル。	与える
1992	誰もが彼の才能をミトメル。	認める
1993	説明書はカナラズ読みなさい。	必ず
1994	自らの行いをカエリミル。	省みる
1995	スミヤカにここから立ち去る。	速やか
1996	スタート地点をサダメル。	定める
1997	父の恩にムクイル。	報いる
1998	挨拶をカワス。	交わす
1999	暗幕をタラス。	垂らす
2000	土地がよくコエル。	肥える
2001	過去から目をソムケル。	背ける
2002	魚が餌にムラガル。	群がる
2003	新しい方法をココロミル。	試みる
2004	妻子をヤシナウ。	養う
2005	静電気をオビル。	帯びる
2006	悪事をクワダテル。	企てる

LEVEL B

72

類義語・対義語②

▼次の言葉の類義語・対義語を書きなさい。

類義語

番号	問題	解答
2007	休養	静養
2008	文明	文化
2009	永遠	永久
2010	改革	革新
2011	屋外	戸外
2012	的中	命中
2013	対照	比較
2014	無礼	失礼
2015	給料	賃金
2016	案内	誘導
2017	遺憾	残念
2018	意図	意向
2019	横柄	尊大
2020	我慢	忍耐
2021	再興	復興
2022	死去	他界
2023	示唆	暗示
2024	最期	臨終
2025	架空	虚構
2026	覚悟	決心

対義語

番号	問題	解答
2053	不備	完備
2054	晩成	早熟
2055	統合	分裂
2056	警戒	油断
2057	到着	出発
2058	先天	後天
2059	敗北	勝利
2060	温暖	寒冷
2061	差別	平等
2062	過疎	過密
2063	空虚	充実
2064	急性	慢性
2065	難解	平易
2066	就任	辞任
2067	自立	依存
2068	低俗	高尚
2069	許可	禁止
2070	欠点	美点
2071	可決	否決
2072	野党	与党

得点ポイント P

トライ1 /92

トライ2 /92

No.		
2027	進歩	向上
2028	救済	救護
2029	郷里	故郷
2030	均等	平等
2031	風刺	皮肉
2032	苦心	苦労
2033	広告	宣伝
2034	親友	知己
2035	誠意	真心
2036	祖国	母国
2037	迎合	追従
2038	著名	有名
2039	永続	存続
2040	拡大	拡張
2041	好調	順調
2042	苦言	忠告
2043	事前	未然
2044	承認	許可
2045	非凡	抜群
2046	委細	詳細
2047	努力	精進
2048	追加	補足
2049	区別	差別
2050	腕前	技量
2051	黙殺	無視
2052	手柄	功績

No.		
2073	親切	冷淡
2074	例外	原則
2075	子孫	先祖
2076	強固	軟弱
2077	直接	間接
2078	定例	臨時
2079	縦断	横断
2080	悲観	楽観
2081	全体	部分
2082	破壊	建設
2083	怠惰	勤勉
2084	華美	質素
2085	模型	実物
2086	共有	専有
2087	精密	粗雑
2088	軽視	重視
2089	点在	密集
2090	不満	満足
2091	退化	進化
2092	供述	黙秘
2093	攻撃	守備
2094	悪化	好転
2095	総合	分析
2096	円満	不和
2097	継続	中断
2098	謙虚	高慢

73 同音異義語・同訓異字④

▽――線のカタカナを漢字に直しなさい。

番号	問題	解答
2099	パソコンが**フキュウ**する。	普及
2100	**フキュウ**の名作を読む。	不朽
2101	新校舎を**キコウ**する。	起工
2102	**キコウ**文を書く。	紀行
2103	**キコウ**を改革する。	機構
2104	雑誌に**キコウ**する。	寄稿
2105	今は試験**キカン**中です。	期間
2106	**キカン**紙を読む。	機関
2107	消化**キカン**が弱っている。	器官
2108	国の**キカン**産業。	基幹
2109	**キカン**支炎に苦しむ。	気管
2110	我ながら**カイシン**の出来だ。	会心
2111	**カイシン**してまじめに働く。	改心
2112	注意を**カンキ**する。	喚起
2113	室内の**カンキ**を行う。	換気
2114	立春の頃、**カンキ**も緩む。	寒気
2115	**カンキ**の涙を流す。	歓喜
2116	この服は**キセイ**品です。	既製
2117	**キセイ**概念にとらわれる。	既成
2118	交通**キセイ**をする。	規制
2119	植物に**キセイ**する。	寄生
2120	**キセイ**をそがれる。	気勢

獲得ポイント

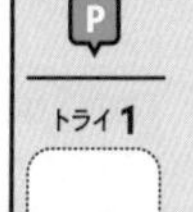

トライ1 /50

トライ2 /50

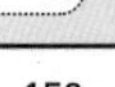

0 500 1000 1500 2000 2500 3000 GOAL

LEVEL A LEVEL B LEVEL C

同音異義語・同訓異字④

No.	問題	答え
2121	**シュウカン**誌を買う。	週刊
2122	早寝早起きの**シュウカン**。	習慣
2123	不法**シンニュウ**で捕まる。	侵入
2124	車両**シンニュウ**禁止。	進入
2125	船に海水が**シンニュウ**する。	浸入
2126	例を**ア**げる。	挙
2127	てんぷらを**ア**げる。	揚
2128	席が**ア**く。	空
2129	門が**ア**く。	開
2130	**ア**くなき野望を抱く。	飽
2131	馬が**カ**ける。	駆
2132	命を**カ**ける。	懸
2133	川に橋を**カ**ける。	架
2134	茶わんが**カ**ける。	欠
2135	機械を**ナオ**す。	直
2136	病気を**ナオ**す。	治
2137	本を**カ**す。	貸
2138	税金を**カ**す。	課
2139	刑罰を**カ**す。	科
2140	荷車を**オ**す。	押
2141	委員長に**オ**す。	推
2142	繭の**タマ**ができる。	玉
2143	速い**タマ**を投げる。	球
2144	ピストルの**タマ**。	弾
2145	駅に**ツ**く。	着
2146	服に汚れが**ツ**く。	付
2147	仕事に**ツ**く。	就
2148	判を**ツ**く。	突

74 同音異義語・同訓異字⑤

獲得ポイント

トライ1 /50

トライ2 /50

▽——線のカタカナを漢字に直しなさい。

No.	問題	解答
2149	番組がコウヒョウを博する。	好評
2150	氏名をコウヒョウする。	公表
2151	作品のコウヒョウをする。	講評
2152	フシンな点をただす。	不審
2153	食欲フシンに陥る。	不振
2154	問題の解決にフシンする。	腐心
2155	フシンの念をあらわにする。	不信
2156	他人にカンショウしない。	干渉
2157	絵画をカンショウする。	鑑賞
2158	盆栽をカンショウする。	観賞
2159	カンショウ的な気分になる。	感傷

No.	問題	解答
2160	災害の対策をケントウする。	検討
2161	全くケントウがつかない。	見当
2162	相手のケントウをたたえる。	健闘
2163	議論がヘイコウ線をたどる。	平行
2164	この暑さにはヘイコウする。	閉口
2165	二つの会議をヘイコウして行う。	並行
2166	ヘイコウ感覚の優れた人。	平衡
2167	壇上でコウエンする。	講演
2168	劇団の海外コウエン。	公演
2169	コウエン会を立ち上げる。	後援
2170	わき役のコウエンが光る。	好演

No.	問題	解答
2171	永久**フヘン**の真理。	不変
2172	法則が**フヘン**性をもつ。	普遍
2173	**フヘン**不党の立場を貫く。	不偏
2174	参加することに**イギ**がある。	意義
2175	**イギ**申し立てをする。	異議
2176	貴重な時間を**サ**く。	割
2177	布を**サ**く。	裂
2178	宝を**サガ**す。	探
2179	家出人を**サガ**す。	捜
2180	経営の合理化を**ハカ**る。	図
2181	時間を**ハカ**る。	計
2182	距離を**ハカ**る。	測
2183	体重を**ハカ**る。	量
2184	会議に**ハカ**る。	諮
2185	入部を**スス**める。	勧
2186	先生が**スス**める本。	薦
2187	将棋の駒を**スス**める。	進
2188	犯人を**オ**う。	追
2189	責任を**オ**う。	負
2190	雑誌に写真が**ノ**る。	載
2191	電車に**ノ**る。	乗
2192	身の**マワ**りの出来事。	回
2193	自宅の**マワ**りを散歩する。	周
2194	ねずみを**ト**る。	捕
2195	工事の指揮を**ト**る。	執
2196	会議で決を**ト**る。	採
2197	記念写真を**ト**る。	撮
2198	本を手に**ト**る。	取

LEVEL B

75 慣用句・ことわざ③

▽空欄に適当な漢字を補って、慣用句・ことわざを完成させなさい。

			解答
2199	寝耳に□	思いがけない出来事や不意の知らせに驚くたとえ。	水
2200	□が上がる	技術や能力が進歩する。上達する。	腕(手)
2201	□が立つ	世間に対する名誉が守られる。面目が保たれる。	顔
2202	□が置けない	遠慮せずに気楽につきあえる。	気
2203	□を揃(そろ)える	必要な金額や品物を不足なく用意する。	耳
2204	□から火が出る	恥ずかしさで赤くなる。	顔
2205	□と□の先	距離がとても近い様子。	目・鼻
2206	□が立つ	相手に対する言動が原因で、気まずくなる。	角
2207	焼け石に□	わずかの援助では、ほとんど効果のないたとえ。	水
2208	□を貸す	相手の話を聞く。相談に乗る。	耳
2209	□の祭り	時機を逃して後悔しても、何にもならないこと。	後

獲得ポイント P

トライ1 /25

トライ2 /25

番号	問題	意味	答え
2210	□□の横好き	うまくもないのに、そのことをするのが好きであること。	下手
2211	□□の道も一歩から	大きな計画も、まずは小さいことから始めなさいということ。	千里
2212	三人寄れば文殊の□□	三人が集まって相談し合えば、優れた考えが出てくること。	知恵
2213	□の目にも涙	無慈悲な者でも涙を流したりすること。	鬼
2214	一事が□□	一つのことから、すべてのことが推測できるということ。	万事
2215	虎□に入らずんば虎子を得ず	危険を冒さずに成功はできないということ。	穴
2216	犬も歩けば□に当たる	何か事をすれば、思わぬ災難にあうこと。思いがけない幸運に出会うこと。	棒
2217	情けは□のためならず	人に親切にすれば、巡り巡って自分にもよい報いがあるということ。	人
2218	急(せ)いては□を仕損じる	あせると失敗しやすいこと。	事
2219	言わぬが□	言わないほうが趣がある。または、差しさわりがないということ。	花
2220	□□の霹靂(へきれき)	急に起こった大事件。	青天
2221	うそも□□	うそでも物事をうまく進めるためには必要なこともあるということ。	方便
2222	□□の栗(くり)を拾う	他人のために、わざわざ危険なことに手を出すこと。	火中
2223	□は急げ	よいことをするためには、早く実行するべきであるということ。	善

LEVEL B

76 慣用句・ことわざ④

▽空欄に適当な漢字を補って、慣用句・ことわざを完成させなさい。

			解答
2224	水と□	性質が違うために、互いに気が合わないこと。	油
2225	渡りに□	何かしたいと思っているときに、好都合なことが起こること。	船
2226	青菜に□	しょんぼりして元気がない様子。	塩
2227	□を長くする	今か今かと待ち望んでいる。	首
2228	猫の□	非常に狭いことのたとえ。	額
2229	□が出る	予算を超えたお金を使う。	足
2230	□を疑う	信じられない話を聞いて、聞き間違えたのではないかと思う。	耳
2231	□に泥を塗る	恥をかかせて、名誉を傷つける。	顔
2232	根も□もない	まったくよりどころとなるものがない。	葉
2233	□に上げる	都合の悪いことは後回しにする。または触れないでおく。	棚
2234	□も盾もたまらない	気持ちが抑えきれず、じっとしていられない。	矢

獲得ポイント

トライ1 /25

トライ2 /25

慣用句・ことわざ④

No.	問題	意味	答え
2235	□を並べる	➡同じような地位や力を持つ。	肩
2236	手に□をにぎる	➡物事の成り行きがどうなるかと、はらはらする。	汗
2237	□□を切る	➡最初に物事を始める。	口火
2238	短気は□□	➡短気を起こすと自分の損になる。短気を戒める言葉。	損気
2239	亀(かめ)の甲より年の□	➡年長者の経験は尊ぶべきだということ。	功
2240	悪事□□を走る	➡悪行はすぐ世間に知れ渡るということ。	千里
2241	待てば□□の日和あり	➡じっと待てば、いつか幸運が訪れるということ。	海路
2242	□は友を呼ぶ	➡気が合う者は、自然に集まってくるということ。	類
2243	□より証拠	➡証拠を示すのが、物事を解決させるいちばんの方法であるということ。	論
2244	□から出たさび	➡誰のせいでもなく、自分の行いのせいで苦しむこと。	身
2245	ちりも積もれば□となる	➡小さなことでも継続すれば、大きなことができるということ。	山
2246	他山の□	➡他人の誤った言動も、自分の戒めとして役立てること。	石
2247	□より団子	➡外見の美しさよりも、実際に役に立つもののほうがいいというたとえ。	花
2248	□□人を待たず	➡時というものは人の都合を待ってはくれず、早くたつものだということ。	歳月

LEVEL B

77 四字熟語②

▽空欄に適当な漢字を補って四字熟語を完成し、その読み方を答えなさい。

2249 □前絶後の大災害。
➡例のないような非常に珍しいこと。

2250 解決方法を暗中□索する。
➡手がかりもなく、あれこれ試してみること。

2251 優□不断な態度を取る。
➡ぐずぐずして、物事を決められないこと。

2252 □今東西に名高い名曲。
➡昔から今に至る、世界のあらゆる所。

2253 試行錯□の末にやっと完成した
➡何度も失敗を重ねて進歩すること。

2254 □若無人な態度に閉口する。
➡自分勝手に振る舞うこと。

2255 途中経過に一喜一□する。
➡状況によって、喜んだり悲しんだりすること。

2256 彼は大器□成型の人間だろう。
➡優れた人は遅れて大成すること。

2257 縦横無□の大活躍をした。
➡思う存分。自由自在。

2258 出世と財産の一挙□得をねらう
➡一度に二つの利益を得ること。

2259 有名無□の条例は撤廃する。
➡名前だけで実際の内容がないこと。

解答

2249 空・くうぜんぜつご
2250 模・あんちゅうもさく
2251 柔・ゆうじゅうふだん
2252 古・ここんとうざい
2253 誤・しこうさくご
2254 傍・ぼうじゃくぶじん
2255 憂・いっきいちゆう
2256 晩・たいきばんせい
2257 尽・じゅうおうむじん
2258 両・いっきょりょうとく
2259 実・ゆうめいむじつ

獲得ポイント

トライ1 /39

トライ2 /39

四字熟語②

No.	問題	意味	答え
2260	その場で**臨□応変**に対応する。	➡その場に応じて適切に対処すること。	機・りんきおうへん
2261	資金の調達に**東奔西□**する。	➡あちこち駆け回ること。	走・とうほんせいそう
2262	複雑な機械操作に**□戦苦闘**する	➡苦しみながら努力すること。	悪・あくせんくとう
2263	**大言□語**してはばからない	➡実力以上のことを偉そうに言うこと。	壮・たいげんそうご
2264	発言が**□離滅裂**でわからない。	➡まとまりがなく、筋道が通らないこと。	支・しりめつれつ
2265	**前人未□**の成果を上げる。	➡まだ誰も成し遂げていないこと。	到(踏)・ぜんじんみとう
2266	テストで失敗し**自暴自□**になる。	➡うまくいかず、やけを起こすこと。	棄・じぼうじき
2267	集会が**竜□蛇尾**に終わる。	➡初めは盛んで、終わりがふるわないこと。	頭・りゅうとうだび
2268	**一望□里**を見渡せる展望台。	➡一目で広大な眺めを見渡せること。	千・いちぼうせんり
2269	**□明正大**な選挙の実現。	➡公平で正しく、堂々としていること。	公・こうめいせいだい
2270	退職後は、**晴耕□読**の生活だ。	➡思いのままのんびりと過ごすこと。	雨・せいこううどく
2271	**公平□私**な態度で臨む。	➡平等で、私的な感情を入れないこと。	無・こうへいむし
2272	**七転□倒**の苦しみを味わう。	➡苦しみのあまり転げ回ること。	八・しちてんばっとう
2273	**弱肉□食**の戦国時代。	➡常に強い者が勝ち、栄えること。	強・じゃくにくきょうしょく

番号	問題	意味	答え
2274	**終始一□**して主張を変えない。	最初から最後まで、考えや態度が変わらないこと。	貫・しゅうしいっかん
2275	**再三再□**お願いする。	繰り返して何度も。	四・さいさんさいし
2276	**□意工夫**が足りない。	今までにない新たな方策をあれこれ考えること。	創・そういくふう
2277	**立□出世**を果たす。	社会的に高い地位について、名声を得ること。	身・りっしんしゅっせ
2278	失言が、**□面楚歌**を招いた。	周りがすべて敵だらけであること。	四・しめんそか
2279	**半信半□**で話を聞く。	本当かどうか信じ切れない様子。	疑・はんしんはんぎ
2280	**急転□下**で解決した。	事態が急に変わって、一気に決着がつく。	直・きゅうてんちょっか
2281	**一心□乱**に祈る。	一つのことに集中して、他のことに心を乱されないこと。	不・いっしんふらん
2282	**老□男女**に好まれる商品。	誰も彼もみんな。	若・ろうにゃくなんにょ
2283	歴史を学び、**温故知□**を実践する。	過去の事柄から学び、新しいことを見いだすこと。	新・おんこちしん
2284	情報を**取□選択**して利用する	不必要なものを除き、必要なものを選ぶこと。	捨・しゅしゃせんたく
2285	**一刀□断**で問題を解決する。	思い切って物事を処理すること。	両・いっとうりょうだん
2286	悪党を**一網□尽**にする。	悪人などを残らず捕まえること。	打・いちもうだじん
2287	誰しも**一長一□**があるものだ。	良いところも悪いところもあること。	短・いっちょういったん

LEVEL

難関校突破への漢字・語句

2288~3004

78 漢字の書き ㊵

▼――線のカタカナを漢字に直しなさい。

番号	問題	解答
2288	和洋**セッチュウ**様式の家。	折衷
2289	金属を流し込む**イガタ**をつくる。	鋳型
2290	きゅうりをぬかみそに**ツ**ける。	漬
2291	動揺を隠して平静を**ヨソオ**う。	装
2292	**スナハマ**で子犬が走り回る。	砂浜
2293	**レイサイ**企業が倒産する。	零細
2294	文化祭の**タサイ**な催し物。	多彩
2295	新時代の**ミャクドウ**が始まる。	脈動
2296	**ナツ**かしい少年時代の思い出。	懐
2297	遺跡の**ハックツ**調査をする。	発掘
2298	**ジャッカン**の問題が残る。	若干

番号	問題	解答
2299	**キッサ**店で待ち合わせる。	喫茶
2300	**チュウショウ**的な議論をする。	抽象
2301	話を**キャクショク**する。	脚色
2302	**マイキョ**にいとまがない	枚挙
2303	**カセ**ぐに追いつく貧乏なし	稼
2304	医者が患者を**ミ**る。	診
2305	自分の**カラ**に閉じこもるな。	殻
2306	野菜の**シュビョウ**を買う。	種苗
2307	**マカナ**いつきの下宿に住む。	賄
2308	コップが床に落ちて**クダ**ける。	砕
2309	学問の道を**タンキュウ**する。	探究

獲得ポイント P

トライ1 /50

トライ2 /50

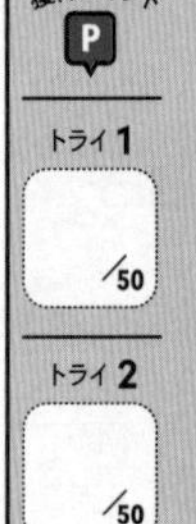

番号	問題	答え
2310	姉はブランド**シコウ**だ。	志向
2311	彼の計算は速くて**カ**つ正確だ。	且
2312	食器を**シャフツ**消毒する。	煮沸
2313	訴訟は**キキャク**された。	棄却
2314	**シュン**の野菜はおいしい。	旬
2315	緊張して**アブラアセ**が出る。	脂汗
2316	紅葉の**ケイコク**を訪れる。	渓谷
2317	**タイネツ**の器を使う。	耐熱
2318	母は**コト**に白い花が好きだ。	殊
2319	従業員として**ヤト**われた。	雇
2320	実力のなさを**ロテイ**する。	露呈
2321	試験が終わり、**トイキ**をつく。	吐息
2322	作品を体育館に**チンレツ**する。	陳列
2323	**カレイ**な演技で魅了する。	華麗
2324	生徒会の**シュシ**に反する。	趣旨
2325	責任は**マヌカ**れない。	免
2326	お金の**カンジョウ**が合わない。	勘定
2327	**ハケン**を争った試合。	覇権
2328	**チョウソ**の作品を発表する。	彫塑
2329	**エンセキ**で重大発表を行う。	宴席
2330	物価が**コウトウ**する。	高騰
2331	泥酔して**チタイ**をさらしてしまう。	痴態
2332	**ユウシュウ**の美を飾る。	有終
2333	**カイチュウ**電灯を用意する。	懐中
2334	絶対的な権力を**ハジ**している。	把持
2335	彼の考えは**カタヨ**っている。	偏
2336	父母や先祖を**スウハイ**する。	崇拝
2337	彼は**ヤクガラ**を見事に演じた。	役柄

LEVEL C

79 漢字の書き ㊶

▼ ——線のカタカナを漢字に直しなさい。

番号	問題	解答
2338	**トウキ**の花瓶を買う。	陶器
2339	**キョギ**の報告をする。	虚偽
2340	知人の**ソウギ**に参列する。	葬儀
2341	新しいゲームに興味**シンシン**だ。	津津（津々）
2342	何もかも**ツゴウ**よく運んだ。	都合
2343	不思議な**インネン**を感じる。	因縁
2344	寒さで湖が**トウケツ**した。	凍結
2345	引きやすく**チョウホウ**な辞書。	重宝
2346	作品は**ホド**なく完成する。	程
2347	現実から**トウヒ**しない。	逃避
2348	他人を**ブジョク**する。	侮辱
2349	下品で聞くに**タ**えない野次。	堪
2350	**タンセイ**を込めて育てた梅の花。	丹精（丹誠）
2351	明るい**センリツ**の曲。	旋律
2352	政界内の**カクチク**が激しい。	角逐
2353	**ホウカツ**的に管理する。	包括
2354	**コンシン**会で交流を深める。	懇親
2355	責任**テンカ**はやめよう。	転嫁
2356	**センカン**に乗って敵地に赴く。	戦艦
2357	意見を**ガン**として聞かない。	頑
2358	祖父が**カンレキ**を迎える。	還暦
2359	**ショサイ**の本棚を整理する。	書斎

獲得ポイント P

トライ1 /50

トライ2 /50

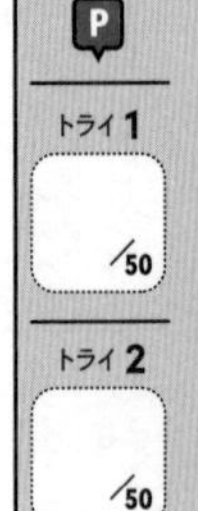

番号	問題	解答
2360	何事にも**ヒイ**でた人だ。	秀
2361	**ヨクヨウ**をつけた詩の朗読。	抑揚
2362	スタンドから**セイエン**を送る。	声援
2363	過ちをこんこんと**サト**した。	諭
2364	生徒会の**シュサイ**による行事。	主催
2365	よく書けたと**ジフ**できる作文。	自負
2366	**ムボウ**な運転はやめなさい。	無謀
2367	友人の死を**イタ**む。	悼
2368	期待が外れて**ラクタン**する。	落胆
2369	数々の**イツワ**が語り継がれる。	逸話
2370	**キガ**状態の動物がさまよう。	飢餓
2371	**センカ**をのがれて移り住む。	戦禍
2372	**イナホ**がこうべを垂れてきた。	稲穂
2373	彼女は**タダ**一人の女性だった。	唯
2374	台風で大損害を**コウム**る。	被
2375	経営不振で工場を**ヘイサ**する。	閉鎖
2376	**コ**い青色を画用紙に塗る。	濃
2377	彼に断られて**トホウ**に暮れた。	途方
2378	彼の自由を**ソクバク**できない。	束縛
2379	アンケートに**モト**づく要望だ。	基
2380	両国の間は**ショウコウ**状態だ。	小康
2381	冷たい水にタオルを**ヒタ**す。	浸
2382	外国の文化を**セッシュ**する。	摂取
2383	時代を**トウエイ**した作品。	投影
2384	わずかな**ホウシュウ**で働く。	報酬
2385	**スイソウ**で熱帯魚を飼う。	水槽
2386	今日は**ム**し暑い。	蒸
2387	電車内での電話は**ハナハ**だ迷惑だ。	甚

80 漢字の書き ㊷

▼——線のカタカナを漢字に直しなさい。

番号	問題	解答
2388	古代の女王の**ショウゾウ**画。	肖像
2389	新しい技術を**エトク**する。	会得
2390	明日は**コウレイ**のお花見です。	恒例
2391	日焼けで背中の**ヒフ**がむけた。	皮膚
2392	**フソク**の事態に備える。	不測
2393	父は優れた**シンビ**眼を持つ。	審美
2394	**シュギョク**の名作と評される。	珠玉
2395	前歯を**キョウセイ**している。	矯正
2396	野球部の**カントク**に就任する。	監督
2397	彼女は**ショム**全般を受け持つ。	庶務
2398	太陽が天高く**ノボ**る。	昇
2399	生死の**セトギワ**をさまよう。	瀬戸際
2400	**ゲンカク**な父に育てられる。	厳格
2401	体育祭の**タイコウ**を説明する。	大綱
2402	人生の**キュウキョク**の目的。	究極
2403	汚れた**クツ**を履き替える。	靴
2404	山奥の**ヒトウ**を目指す。	秘湯
2405	**トウボウ**を続ける容疑者。	逃亡
2406	**ゲンカン**のかぎを開ける。	玄関
2407	重要**ジコウ**を説明する。	事項
2408	優勝祝賀会が**モヨオ**された。	催
2409	法律を**ジュンシュ**する。	順守（遵守）

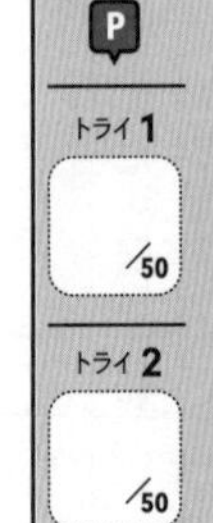

番号	問題	答え
2410	和平条約を**テイケツ**する。	締結
2411	**ミジ**めな気持ちになる。	惨
2412	ダイヤモンドの**コウタク**。	光沢
2413	事実と**ソウイ**した記事。	相違
2414	新**コウシャ**が完成する。	校舎
2415	**セイコウ**にできている時計。	精巧
2416	講演中に子どもたちが**サワ**ぐ。	騒
2417	実力が**ハクチュウ**している。	伯仲
2418	**ユウガ**な和服姿の女性。	優雅
2419	人に**ウラ**まれる覚えはない。	恨
2420	彼は**ボンヨウ**な人物だ。	凡庸
2421	学問を**オサ**める。	修
2422	友達の家を**ホウモン**する。	訪問
2423	わが子を**イツク**しみ育てる。	慈
2424	試合を目前に**ヒカ**えた選手。	控
2425	**ニハク**三日の旅に出る。	二泊
2426	資材を鉄道で**ウンパン**する。	運搬
2427	名簿から名前を**サクジョ**する。	削除
2428	彼は町の**キラ**われ者だ。	嫌
2429	よろけた**ヒョウシ**にぶつかる。	拍子
2430	港から出る**ツ**り船に乗る。	釣
2431	**ハワタ**り三十センチの包丁。	刃渡
2432	国王の**セイキョ**を悲しむ。	逝去
2433	集団の**セットウ**犯を検挙した。	窃盗
2434	飼い猫が**ニンシン**した。	妊娠
2435	床の間の花瓶に花を**サ**す。	挿
2436	**ダバ**に荷物を載せる。	駄馬
2437	目が**ジュウケツ**している。	充血

LEVEL C

81 漢字の書き㊸

線のカタカナを漢字に直しなさい。

番号	問題	解答
2438	レポートの**モウテン**に気づく。	盲点
2439	武力**コウソウ**が続く。	抗争
2440	騒音に**フンガイ**する。	憤慨
2441	名所を**メグ**る旅。	巡
2442	病気を**ケイキ**に間食をやめる。	契機
2443	父は私にとても**カンダイ**だ。	寛大
2444	**リンリ**的責任を痛感する。	倫理
2445	彼は**シリョ**深い人だ。	思慮
2446	他国の**シンリャク**におびえる。	侵略
2447	専門書が**ホンダナ**に並ぶ。	本棚
2448	陰謀を**クワダ**てる。	企
2449	十分間**キュウケイ**する。	休憩
2450	自由**ホンポウ**に振る舞う。	奔放
2451	港の夜景には**オモムキ**がある。	趣
2452	我が身の不幸を**ナゲ**く。	嘆
2453	数学の難問に**イド**む。	挑
2454	彼は**ユイショ**ある家柄の出だ。	由緒
2455	カエルが**ハ**ねて池に飛び込む。	跳
2456	**キュウリョウ**の花畑を描く。	丘陵
2457	**ゴウカ**客船の旅を楽しむ。	豪華
2458	敵に**ゾウオ**の念を抱く。	憎悪
2459	**カクウ**の人物をつくり上げる。	架空

獲得ポイント P

トライ1 ／50

トライ2 ／50

番号	問題	答え
2460	彼は**レイショウ**を浮かべた。	冷笑
2461	**イクタ**の障害を乗り越える。	幾多
2462	希望に胸を**フク**らませる。	膨
2463	寒さに思わず身を**チヂ**める。	縮
2464	**チキ**を頼って上京する。	知己
2465	応募者は**カイム**だった。	皆無
2466	犯人は**スガタ**をくらました。	姿
2467	今年の**キッキョウ**を占う。	吉凶
2468	先例に**ジュン**じて判断する。	準
2469	違反で**チョウバツ**を受ける。	懲罰
2470	服のほころびを**ツクロ**う。	繕
2471	ストーブで部屋を**アタタ**める。	暖
2472	これまでの**ケイイ**を説明する。	経緯
2473	**キソン**の概念を打ち破る。	既存

番号	問題	答え
2474	生活が**コンキュウ**する。	困窮
2475	周囲に**ケムリ**が立ち込める。	煙
2476	木片が**ヒョウリュウ**する。	漂流
2477	国の**ショクリョウ**事情を学ぶ。	食糧
2478	計画は**カベ**に突き当たった。	壁
2479	彼は世事に**ウト**い。	疎
2480	円の**カヘイ**価値が下がる。	貨幣
2481	**シダイ**に風が涼しくなった。	次第
2482	飛行機が山に**ツイラク**した。	墜落
2483	**ハチ**植えの花を窓辺に飾る。	鉢
2484	見事な演技に**トウスイ**する。	陶酔
2485	桜の美しさを歌に**ヨ**む。	詠
2486	風が気持ちよく**カオ**る季節だ。	薫
2487	**オダク**した都会の空気。	汚濁

LEVEL C

82 漢字の書き㊹

▼——線のカタカナを漢字に直しなさい。

番号	問題	解答
2488	君を委員長に**スイセン**します。	推薦
2489	子どもが犬と**タワム**れている。	戯
2490	一寸の虫にも五分の**タマシイ**	魂
2491	君の努力は**ホ**められるべきだ。	褒
2492	しっかりと縄で**シバ**る。	縛
2493	問題を**ジンソク**に処理する。	迅速
2494	幼い弟の**メンドウ**をみている。	面倒
2495	宴会の席でお**シャク**をして回る。	酌
2496	そんな**ボウキョ**は許さない。	暴挙
2497	**モハン**解答を見て採点する。	模範
2498	小説の連載に向けて筆を**ト**る。	執
2499	道端で**サイフ**を拾う。	財布
2500	出費が予算の**ワク**を超える。	枠
2501	**イタ**んだ家屋を修復する。	傷
2502	ここで靴を**ハ**きかえる。	履
2503	武術の**オウギ**を伝授する。	奥義
2504	事件の**ハセン**が社会に広がる。	波紋
2505	有名人の**ユイゴン**状を見る。	遺言
2506	**ジアイ**に満ちたまなざし。	慈愛
2507	混乱がますます**ゾウフク**する。	増幅
2508	法廷の**ボウチョウ**席に座る。	傍聴
2509	**フラン**した魚を処分する。	腐乱

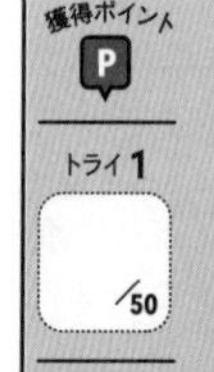

0 500 1000 1500 2000 2500 3000 GOAL

LEVEL A LEVEL B LEVEL C

漢字の書き㊹

No.	問題	答え
2510	実に**ジョジョウ**的な作品だ。	叙情
2511	楽曲を**アンプ**して演奏する。	暗譜
2512	神社の赤い**トリイ**をくぐる。	鳥居
2513	**ダンジョウ**にて演説する。	壇上
2514	手紙を**フウトウ**に入れて送る。	封筒
2515	**チカ**いの言葉を述べる。	誓
2516	兄は**ソウバン**昇進するだろう。	早晩
2517	歴代王朝の**ヘンセン**を調べる。	変遷
2518	ハープが美しい音を**カナ**でる。	奏
2519	洗濯物を**タタ**む。	畳
2520	言葉を**バイタイ**とする伝達。	媒体
2521	大臣の**シモン**機関。	諮問
2522	子どもの人権を**ヨウゴ**する。	擁護
2523	長年の悲願が**ジョウジュ**する。	成就
2524	仕事に失敗し、自己**ケンオ**に陥る。	嫌悪
2525	外国製品を**ハイセキ**する運動。	排斥
2526	予想外の苦戦を**シ**いられる。	強
2527	最先端の治療を**ホドコ**す。	施
2528	**ヤッカイ**な仕事を持ちかけられる。	厄介
2529	軽く**エシャク**をしてから座る。	会釈
2530	流行はすぐに**スタ**れるものだ。	廃
2531	青春時代を懐かしく**カエリ**みる。	顧
2532	展示会で新商品を**ヒロウ**する。	披露
2533	不正が発覚し、大臣を**コウテツ**する。	更迭
2534	借金の返済を**サイソク**する。	催促
2535	急いで旅行の**シタク**をする。	支度
2536	神社の**ケイダイ**で待ち合わせをする。	境内
2537	祖母は**ニュウワ**な顔立ちをしている。	柔和

LEVEL C

83 漢字の読み ㉓

▼ ―― 線の漢字の読み方を書きなさい。

番号	問題	解答
2538	近所のおばさんに**挨拶**する。	あいさつ
2539	優れた先人に**畏敬**の念を抱く。	いけい
2540	耳鼻**咽喉**科の医院に通う。	いんこう
2541	姉は**才媛**だと言われている。	さいえん
2542	友人は自分のことを**俺**と言う。	おれ
2543	病院で**胃潰瘍**と診断された。	いかいよう
2544	**柿**の実がたわわに実っている。	かき
2545	**韓国**は日本の隣国である。	かんこく
2546	**近畿**地方が梅雨に入った。	きんき
2547	**錦**の御旗(みはた)を掲げて行進する。	にしき
2548	寺院への**参詣**道が続く。	さんけい

番号	問題	解答
2549	弟は日本**拳法**を習っている。	けんぽう
2550	**禁錮**五年の刑に処せられた。	きんこ
2551	仕事の**進捗**状況を尋ねる。	しんちょく
2552	**叔父**は宝石商を営んでいる。	おじ
2553	彼の作品と**酷似**した絵。	こくじ
2554	彼の**傲慢**さに批判が集中した。	ごうまん
2555	長年の**疾病**に苦しむ。	しっぺい
2556	政界と財界との**癒着**。	ゆちゃく
2557	**潔**く間違いを認める。	いさぎよ
2558	その分野に関しては**素人**だ。	しろうと
2559	地図帳の**凡例**を見る。	はんれい

獲得ポイント P

トライ1 ／50

トライ2 ／50

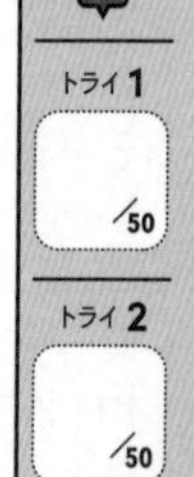

番号	問題	読み
2560	円熟の**極致**に達した芸。	きょくち
2561	借金が**瞬**く間に膨れ上がる。	またた
2562	**若年**層の支持を受ける。	じゃくねん
2563	**桟橋**から遊覧船に乗り込む。	さんばし
2564	彼女は初孫を**溺愛**している。	できあい
2565	なんとも**秀逸**な作品だ。	しゅういつ
2566	無名の新人が王者を**脅**かす。	おびや
2567	不敵な**面構**えの男。	つらがま
2568	給料で**賄**うのは無理だ。	まかな
2569	資金難で計画が**挫折**する。	ざせつ
2570	明日の夕方に**伺**います。	うかが
2571	**暇**さえあれば、本を読む父。	ひま
2572	大きな肉の**塊**。	かたまり
2573	空は夕日に赤く**彩**られた。	いろど
2574	とんだ災難に**遭**った。	あ
2575	**漸次**、労働は機械化された。	ぜんじ
2576	これは私の**座右**の銘です。	ざゆう
2577	この辺りには**名刹**が多い。	めいさつ
2578	**郷愁**に似た思い。	きょうしゅう
2579	黒い**瞳**の美しい少女。	ひとみ
2580	彼女は日本**舞踊**の先生です。	ぶよう
2581	**官吏**生活で貯蓄が増える。	かんり
2582	犬に**餌**を与える。	えさ
2583	妄想の**呪縛**から逃れられない。	じゅばく
2584	今までの悪い習慣を**払拭**する。	ふっしょく
2585	富士山の広い**裾野**。	すその
2586	おいしい**煎茶**を入れる。	せんちゃ
2587	この時間帯は**配膳**係が忙しい。	はいぜん

84 漢字の読み ㉔

▼――線の漢字の読み方を書きなさい。

番号	問題	解答
2588	昔からの**因縁**を感じる。	いんねん
2589	母はこのごろだいぶん**痩**せた。	や
2590	そんなうわさは迷惑**千万**だ。	せんばん
2591	梅干しを見ると**唾液**が出る。	だえき
2592	役人の**処遇**問題に注目する。	しょぐう
2593	名月を歌に**詠**む。	よ
2594	物悲しい曲を**奏**でる。	かな
2595	**脱藩**した武士が浪人となる。	だっぱん
2596	**小康**状態が続いている。	しょうこう
2597	老後は**閑居**に落ち着きたい。	かんきょ
2598	**邪推**されるのは迷惑だ。	じゃすい
2599	かつて王が**幽閉**された場所。	ゆうへい
2600	風邪を引いて**悪寒**がする。	おかん
2601	新しい政策が**破綻**した。	はたん
2602	**暫定**的に日程を決めておく。	ざんてい
2603	**継嗣**をめぐる争い。	けいし
2604	会社の乗っ取りを**謀**った。	はか
2605	回復の**兆**しが見える。	きざ
2606	善良な**市井**の人々。	しせい
2607	思わず**吐息**がもれた。	といき
2608	世間の人々の**耳目**を驚かす。	じもく
2609	幼児が上手にお絵**描**きをする。	か

獲得ポイント P

トライ1 /50

トライ2 /50

GOAL
0 500 1000 1500 2000 2500 3000

LEVEL A LEVEL B LEVEL C

漢字の読み㉔

No.	問題	答え
2610	辺りに菊の香が**匂**う。	にお
2611	きれいに**舗装**された道。	ほそう
2612	在庫品を**廉価**で販売する。	れんか
2613	下水道を**敷設**する。	ふせつ
2614	**格子**じまの着物。	こうし
2615	町に**災厄**をもたらす。	さいやく
2616	全国を**行脚**する。	あんぎゃ
2617	工場の騒音に**業**を煮やす。	ごう
2618	**訴訟**を取り下げる。	そしょう
2619	悪口には**免疫**ができている。	めんえき
2620	何やら**声高**にしゃべっている。	こわだか
2621	夜更(よふ)かしは体に**障**る。	さわ
2622	**浴衣**を着て散歩に出かけた。	ゆかた
2623	彼女の人柄は私が**請**け合う。	う
2624	**荘厳**な儀式に心を奪われる。	そうごん
2625	**半端**な数を切り捨てる。	はんぱ
2626	**律儀**な仕事ぶりを買われる。	りちぎ
2627	**滅私**奉公の態度で働く。	めっし
2628	**哀惜**の念に堪えない。	あいせき
2629	今日は**野暮**な話はしない。	やぼ
2630	**由緒**ある建物が多い町。	ゆいしょ
2631	荒れ地を苦労して**開墾**する。	かいこん
2632	その**類**いのうまい話に気をつけろ。	たぐ
2633	問題に**真摯**に向き合う。	しんし
2634	台所から生ごみが**臭**う。	にお
2635	生まれる人もあれば**逝**く人もある。	い(ゆ)
2636	領主の悪政に、農民が**蜂起**した。	ほうき
2637	音楽を聴くと、心が**癒**やされる。	い

85 漢字の読み ㉕

▼ ── 線の漢字の読み方を書きなさい。

番号	問題	解答
2638	金を**詐取**した疑いで調べる。	さしゅ
2639	**感興**をもよおす。	かんきょう
2640	**教壇**に立って授業を始める。	きょうだん
2641	よい風情(ふぜい)を**醸**し出している庭。	かも
2642	暴動はすぐさま**鎮圧**された。	ちんあつ
2643	松の枝を**矯**めて整える。	た
2644	市長の不正に市民は**憤**った。	いきどお
2645	商品の**搬入**経路を確認する。	はんにゅう
2646	人生の**軌跡**を振り返る。	きせき
2647	**秘湯**をめざして山の奥に入る。	ひとう
2648	演劇の道に**憧**れる。	あこが

番号	問題	解答
2649	大きな願いが**成就**する。	じょうじゅ
2650	万物は**流転**する。	るてん
2651	この花は**殊**に香りがよい。	こと
2652	朝の通勤電車は特に**混**み合う。	こ
2653	メーターの針が大きく**振**れる。	ふ
2654	この大学は明治時代に**創**られた。	つく
2655	ボールを力いっぱい遠くへ**放**る。	ほう
2656	何なりとご要望にお**応**えします。	こた
2657	兄はいつも前言を**翻**す。	ひるがえ
2658	成功への**必須**条件。	ひっす
2659	その計画は砂上の**楼閣**だ。	ろうかく

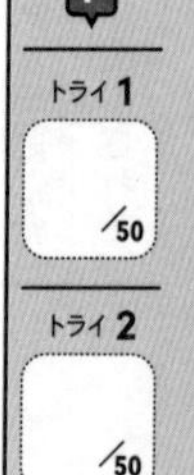

番号	問題	読み
2660	ひさしを貸して**母屋**を取られる。	おもや
2661	修行のために**断食**する。	だんじき
2662	**丁重**なもてなしを受ける。	ていちょう
2663	基金設立の**趣旨**を説明する。	しゅし
2664	先行きが**懸念**される。	けねん
2665	亡(な)くなった祖父母を**回向**する。	えこう
2666	神のごとくあがめ**奉**る。	たてまつ
2667	**寸暇**を惜しんで勉学に励む。	すんか
2668	ストーブを**納戸**にしまう。	なんど
2669	優勝することができて**本望**だ。	ほんもう
2670	古代文明の**発祥**地。	はっしょう
2671	**群青**の海をヨットで進む。	ぐんじょう
2672	**鋳型**でせんべいを焼く。	いがた
2673	**全**てがうまく運んだ。	すべ
2674	過去をすっかり**抹殺**したい。	まっさつ
2675	ローマ帝国の**盛衰**を研究する。	せいすい
2676	税の**控除**金額を計算する。	こうじょ
2677	真相を**暴露**する。	ばくろ
2678	机を**挟**んで向かい合う。	はさ
2679	強風で傘の**柄**が曲がった。	え
2680	木を資源として**潤沢**に使う。	じゅんたく
2681	そで口が**擦**り切れる。	す
2682	そんな大役彼に**務**まらないよ。	つと
2683	扇の**要**のような大事な仕事だ。	かなめ
2684	先例に**鑑**みて方針を立てよう。	かんが
2685	貧しい人々に手を差し**伸**べる。	の
2686	あの人は**粋**な身なりをしている。	いき
2687	電車の速度が次第に**速**まった。	はや

LEVEL C

86 送りがなのある漢字の書き④

▼ —— 線のカタカナを漢字と送りがなで書きなさい。

番号	問題	解答
2688	自由を**ウバウ**法律だ。	奪う
2689	**アキル**ほどみかんを食べる。	飽きる
2690	自分の目を**ウタガウ**。	疑う
2691	突然の訪問に**オドロク**。	驚く
2692	気分を**ソコネル**。	損ねる
2693	勝ち負けを**アラソウ**。	争う
2694	金星が**カガヤク**。	輝く
2695	犯人を**ツカマエル**。	捕まえる
2696	その決心は非常に**イサギヨイ**。	潔い
2697	月光が水面を**テラス**。	照らす
2698	暑さが**サカリ**を過ぎる。	盛り

番号	問題	解答
2699	大切な指輪を**ウシナウ**。	失う
2700	寒天で**カタメル**。	固める
2701	**キワメテ**厄介な問題。	極めて
2702	夜露で地面が**シメル**。	湿る
2703	友人の手を**ワズラワス**。	煩わす
2704	**カシコイ**お金の使い方。	賢い
2705	大声で**サケブ**。	叫ぶ
2706	友達に別れを**ツゲル**。	告げる
2707	**ムズカシイ**問題を解く。	難しい
2708	**イサム**心をしずめる。	勇む
2709	大切な書類を**ワスレル**。	忘れる

獲得ポイント P

トライ1 /50

トライ2 /50

送りがなのある漢字の書き ④

番号	問題	答え
2710	公園のベンチに**スワル**。	座る
2711	相手のミスを**セメル**。	責める
2712	得意気に胸を**ソラス**。	反らす
2713	水不足で草木が**カレル**。	枯れる
2714	大根が**ニエル**。	煮える
2715	勝つために最後まで**ネバル**。	粘る
2716	念願を**ハタス**。	果たす
2717	野球の練習に**ハゲム**。	励む
2718	**ハジル**ことは何もない。	恥じる
2719	週に五日**ハタラク**。	働く
2720	部屋を**アタタメル**。	暖める
2721	罪を**ツグナウ**。	償う
2722	念願の子どもを**サズカル**。	授かる
2723	深海に**モグル**船。	潜る
2724	人を**マドワス**ことを言う。	惑わす
2725	未開の地を**サグル**。	探る
2726	先輩を兄のように**シタウ**。	慕う
2727	映画スターに**コガレル**。	焦がれる
2728	甘い考えだと**サトル**。	悟る
2729	数人の部下を**シタガエル**。	従える
2730	表情が**ヤワラグ**。	和らぐ
2731	フランス語に**スグレル**。	優れる
2732	他人を**ヨソオウ**。	装う
2733	主君に**ツカエル**。	仕える
2734	俳句仲間が**ツドウ**。	集う
2735	**ツラナル**山々が見える。	連なる
2736	**ナゴヤカ**な家庭。	和やか
2737	責任を**ノガレル**。	逃れる

87 類義語・対義語③

▼次の言葉の類義語・対義語を書きなさい。

類義語

番号	問題	解答
2738	異論	異議
2739	誤解	曲解
2740	気質	性格
2741	真実	真相
2742	局面	形勢
2743	応答	返事
2744	規則	規定
2745	挙動	動作
2746	光景	情景
2747	基準	標準
2748	所持	所有
2749	真意	本心
2750	運命	宿命
2751	横領	着服
2752	平生	平素
2753	完全	無欠
2754	出世	立身
2755	去就	進退
2756	踏襲	継承
2757	損傷	破損

対義語

番号	問題	解答
2784	外交	内政
2785	雑然	整然
2786	一様	多様
2787	有事	無事
2788	快楽	苦痛
2789	包含	除外
2790	意訳	直訳
2791	仮性	真性
2792	一元	多元
2793	永久	一時
2794	副業	本業
2795	借用	返済
2796	浮動	固定
2797	遺失	拾得
2798	原書	訳書
2799	団体	個人
2800	悲哀	歓喜
2801	逃走	追跡
2802	軽薄	重厚
2803	多弁	無口

獲得ポイント P

トライ1 /92

トライ2 /92

番号	語	類義語・対義語
2758	改善	改良
2759	交渉	談判
2760	一生	終生
2761	時流	世相
2762	辞職	辞任
2763	信用	信頼
2764	意義	意味
2765	脈絡	筋道
2766	重要	主要
2767	異国	外国
2768	志願	志望
2769	結果	結末
2770	将来	未来
2771	進展	発展
2772	公開	公表
2773	風格	気品
2774	自任	自負
2775	承知	了承
2776	推察	臆測
2777	除外	排斥
2778	集会	会合
2779	安直	安易
2780	屈指	有数
2781	評判	風聞
2782	得手	特技
2783	本気	真剣
2804	直面	回避
2805	異常	正常
2806	安定	動揺
2807	整合	矛盾
2808	遠方	近隣
2809	平凡	非凡
2810	汚染	清浄
2811	悪意	善意
2812	上昇	下降
2813	過剰	不足
2814	分解	合成
2815	異性	同性
2816	往復	片道
2817	険悪	柔和
2818	加熱	冷却
2819	記憶	忘却
2820	却下	受理
2821	浮上	沈下
2822	遅鈍	敏速
2823	徴収	納入
2824	収縮	膨張(脹)
2825	甘言	苦言
2826	閉鎖	開放
2827	過度	適度
2828	歓声	悲鳴
2829	騒然	粛然

LEVEL C

88 同音異義語・同訓異字⑥

▼――線のカタカナを漢字に直しなさい。

番号	問題	解答
2830	ガイトウ箇所に○を付ける。	該当
2831	政治家のガイトウ演説。	街頭
2832	桜のカイカ予想が発表された。	開花
2833	文明カイカのさきがけとなる。	開化
2834	コウギの電話が殺到する。	抗議
2835	大学のコウギに出席する。	講義
2836	コウギにおいて解釈される。	広義
2837	学術のシンコウを図る。	振興
2838	彼とはシンコウがある。	親交
2839	シンコウ住宅地。	新興
2840	シンコウ心があつい。	信仰

番号	問題	解答
2841	トクチョウのある字を書く。	特徴
2842	画材のトクチョウを生かす。	特長
2843	授業のシリョウをまとめる。	資料
2844	牧場へシリョウを運ぶ。	飼料
2845	地方のカンシュウを覚える。	慣習
2846	カンシュウから拍手が起こる。	観衆
2847	辞書のカンシュウに携わる。	監修
2848	新しい条例がシコウされる。	施行
2849	シコウを巡らす。	思考
2850	上昇シコウが強い。	志向
2851	シコウ錯誤を重ねる。	試行

獲得ポイント P

トライ1 /50

トライ2 /50

同音異義語・同訓異字⑥

No.	問題	答
2852	着工の**ジキ**を決める。	時期
2853	**ジキ**外れの花。	時季
2854	**ジキ**をうかがう。	時機
2855	息を**ト**める。	止
2856	友人を家に**ト**める。	泊
2857	心に**ト**める。	留
2858	払ったお金が**カエ**る。	返
2859	家へ**カエ**る。	帰
2860	体重が**へ**る。	減
2861	時を**へ**る。	経
2862	商品が**ウ**れる。	売
2863	柿の実が**ウ**れる。	熟
2864	**アト**形もなく消える。	跡
2865	彼の決意を**アト**押しする。	後
2866	数学の問題を**ト**く。	解
2867	仏教の教えを**ト**く。	説
2868	粉を水に**ト**く。	溶
2869	空気が**ス**む。	澄
2870	宿題が**ス**む。	済
2871	隣に**ス**む。	住
2872	貨物船を**ツク**る。	造
2873	規則を**ツク**る。	作
2874	ミカンの**カワ**をむく。	皮
2875	**カワ**の財布を買う。	革
2876	かばんを**サ**げる。	提
2877	頭を**サ**げる。	下
2878	身長が**ノ**びる。	伸
2879	予定が**ノ**びる。	延

LEVEL C

89

同音異義語・同訓異字⑦

▼――線のカタカナを漢字に直しなさい。

番号	問題	解答
2880	**ショシン**忘るべからず	初心
2881	**ショシン**表明演説。	所信
2882	周囲からの**シンボウ**が集まる。	信望
2883	長年**シンボウ**して取り組んだ。	辛抱
2884	相手の**イコウ**を聞く。	意向
2885	明日**イコウ**に伺います。	以降
2886	世界**サイダイ**の都市。	最大
2887	**サイダイ**もらさず報告する。	細大
2888	従業員を**カイコ**する。	解雇
2889	中学の三年間を**カイコ**する。	回顧
2890	**カイコ**趣味だと笑われる。	懐古

番号	問題	解答
2891	戦争の**キョウイ**におののく。	脅威
2892	**キョウイ**的な新記録。	驚異
2893	責任を**テンカ**する。	転嫁
2894	**テンカ**物を入れる。	添加
2895	先輩方に**ケイイ**を払う。	敬意
2896	事態の**ケイイ**を説明する。	経緯
2897	**センキョ**速報。	選挙
2898	陣地を**センキョ**する。	占拠
2899	**カンセイ**の法則で動き続ける。	慣性
2900	**カンセイ**な住宅街に住む。	閑静
2901	**カンセイ**豊かな子どもたち。	感性

獲得ポイント

P

トライ1 /50

トライ2 /50

番号	問題	解答
2902	細菌研究を**イショク**する。	委(依)嘱
2903	**イショク**住が満ち足りている。	衣食
2904	今までにない**イショク**の選手。	異色
2905	臓器**イショク**が成功する。	移植
2906	頂上を**キワ**める。	極
2907	学問を**キワ**める。	究
2908	作戦を**ネ**る。	練
2909	二段ベッドで**ネ**る。	寝
2910	計算が**ア**う。	合
2911	友人と**ア**う。	会
2912	災難に**ア**う。	遭
2913	予定を**カ**える。	変
2914	挨拶に**カ**える。	代
2915	新しいシーツに**カ**える。	替
2916	矢印の**サ**す方向。	指
2917	花瓶に花を**サ**す。	挿
2918	ピンを壁に**サ**す。	刺
2919	日が**サ**す。	差
2920	患者を**ミ**る。	診
2921	ノートを**ミ**る。	見
2922	洗濯物が**カワ**く。	乾
2923	のどが**カワ**く。	渇
2924	家に**イ**る。	居
2925	弓矢で的を**イ**る。	射
2926	人手が**イ**る。	要
2927	友達と**ハナ**す。	話
2928	犬を庭に**ハナ**す。	放
2929	目を**ハナ**す。	離

LEVEL C

90 慣用句・ことわざ⑤

▼空欄に適当な漢字を補って、慣用句・ことわざを完成させなさい。

番号	問題	意味	解答
2930	対岸の□□	◆自分に関係がないことは、痛みや苦しみも感じないこと。	火事
2931	□□に掛ける	◆自分自身で面倒を見て、大切に育てる。	手塩
2932	□□を押す	◆道理に合わないことを無理やりに行う。	横車
2933	□を折る	◆苦労する。人のために力を尽くす。	骨
2934	□を巻く	◆とても驚いたり感心したりする。	舌
2935	□がいい	◆身勝手で厚かましい。ずうずうしい。	虫
2936	□を食う	◆ひどく慌てる。うろたえる。	泡
2937	腹が□い	◆心の中に悪い考えを持っている。	黒
2938	□□を見る	◆相手の弱みにつけ込んで、自分に有利なようにする。	足元(下)
2939	□をくわえる	◆自分も欲しいのに、手に入らずむなしく眺めている。	指
2940	□の息	◆弱り果てて、今にも死にそうな様子。	虫

獲得ポイント

トライ1 /25

トライ2 /25

番号	問題	意味	答え
2941	無用の□□	あっても役に立たず、かえってじゃまになるもの。	長物
2942	紺屋(こうや)の□袴(ばかま)	他人のことをするのに忙しく、自分のことは後回しだということ。	白
2943	悪銭□につかず	不正な手段で得たお金は、無駄に使ってすぐに無くなってしまうこと。	身
2944	飼い□に□をかまれる	日頃世話をしていた者から裏切り行為を受けること。	犬・手
2945	壁に□あり障子に□あり	秘密は漏れやすいから気をつけなさいということ。	耳・目
2946	李下(りか)に□を正さず	人から疑われるような紛らわしい行動をしてはいけないということ。	冠
2947	□□にかすがい	効き目がないこと。	豆腐
2948	衣食足りて□□を知る	生活が豊かになって初めて、道徳心が高まるということ。	礼節
2949	□□を踏むがごとし	大変な危険を冒すこと。	薄氷
2950	箸(はし)にも□にも掛からぬ	ひどすぎて取り扱いようがない。また、何の取り柄もないこと。	棒
2951	□隠して尻(しり)隠さず	悪事や欠点の一部を隠して、全部を隠していると思い込んでいること。	頭
2952	□心あれば□心	相手の出方次第で、自分もそれに応じる用意があるということ。	魚・水
2953	縁の□の力持ち	人の知らないところで、他人のために力を尽くすこと。	下
2954	□の居ぬ間に洗濯	怖い者がいない間に、のんびり自由にくつろぐこと。	鬼

LEVEL C

91 慣用句・ことわざ⑥

▼空欄に適当な漢字を補って、慣用句・ことわざを完成させなさい。

番号	問題	意味	解答
2955	花も□もある	名実ともに備わっていること。	実
2956	足元から□が立つ	身近なところで、思いがけないことが起こる。	鳥
2957	□を殺す	呼吸を抑えてじっと静かにしている。	息
2958	二の□が継げない	あきれて次の言葉が出てこない。	句
2959	爪（つめ）に□をともす	苦労して倹約する。また、非常にけちである。	火
2960	□た子を起こす	余計なことをして問題を再発させる。	寝
2961	生き馬の□を抜く	他人を出し抜いて素早く利益を得る。また、油断のない様子。	目
2962	揚げ□を取る	人の失敗につけ込む。	足
2963	□□をつける	物事の大体の見通しをつける。	目鼻
2964	水を得た□	自分に合う環境や活躍の場を得て、生き生きとしている様子。	魚
2965	立て板に□	話し方によどみがなく、続けてどんどん言葉が出る様子。	水

獲得ポイント

トライ1 　/25

トライ2 　/25

LEVEL A
LEVEL B
LEVEL C

慣用句・ことわざ⑥

2966	□□の手をひねる	たいした力を使わずに、簡単にできる。	赤子
2967	□を仇(あだ)で返す	世話になったのに、感謝するどころか、かえって害を与えること。	恩
2968	蛙(かえる)の面に□	どんな目にあっても、まったく平気な様子。	水
2969	枯れ木も□のにぎわい	つまらないものでも、無いよりはましということ。	山
2970	□折り損のくたびれもうけ	苦労するばかりで成果はさっぱり上がらず、疲れだけが残ること。	骨
2971	雨だれ□をうがつ	小さなことでも継続していれば、いつかは成果を得られるということ。	石
2972	□は□を兼ねる	小さいものより大きいもののほうが、幅広く役に立つこと。	大・小
2973	蟻(あり)の□から堤も崩れる	少しの油断から大事件が引き起こされるということ。	穴
2974	□に縁(よ)りて魚を求む	方法を間違うと、目的を達成できないということ。	木
2975	浅い□も深く渡れ	安全に見えるところでも、十分用心しなければいけないということ。	川
2976	後は□となれ□となれ	今さえよければ、後はどうなっても構わない。無責任な態度を表す言葉。	野・山
2977	渡る世間に□はない	世の中には冷たい人ばかりでなく、親切で心の温かい人もいるということ。	鬼
2978	□に瑕(きず)	立派なもの、優れたものにあるわずかな欠点。	玉
2979	□□多くして船山に上る	指図する人が多すぎて、物事が違う方向に進んでしまうこと。	船頭

92 四字熟語③

▼空欄に適当な漢字を補って四字熟語を完成し、その読み方を答えなさい。

番号	問題	意味	解答
2980	**奇想□外**な計画に驚く。	➡思いもよらない奇抜なこと。	天・きそうてんがい
2981	母は**喜怒□楽**が激しい。	➡人間のいろいろな感情を表したもの。	哀・きどあいらく
2982	**用意□到**な計画を立てる。	➡準備がすみずみまで行き届いていること。	周・よういしゅうとう
2983	若者の**□顔無恥**な行動が目立つ。	➡ずうずうしく恥知らずなこと。	厚・こうがんむち
2984	**完全□欠**の人格者。	➡完全で、まったく欠点がないこと。	無・かんぜんむけつ
2985	あれこれ言わず、**□言実行**すべきだ。	➡文句などを言わず、黙って実際に行動すること。	不・ふげんじっこう
2986	田畑を耕し、**自□自足**をする。	➡必要なものを自分で作って満たすこと。	給・じきゅうじそく
2987	**傍若□人**な態度は許せない。	➡人前でも勝手きままに振る舞うこと。	無・ぼうじゃくぶじん
2988	**枝葉□節**にまでこだわるな。	➡物事の重要でない部分。	末・しようまっせつ
2989	常に**言□一致**であるべきだ。	➡言動が一致していること。	行・げんこういっち
2990	彼女の**一挙一□**を注意して見る。	➡一つ一つの動作。	動・いっきょいちどう

獲得ポイント P

トライ1 /25

トライ2 /25

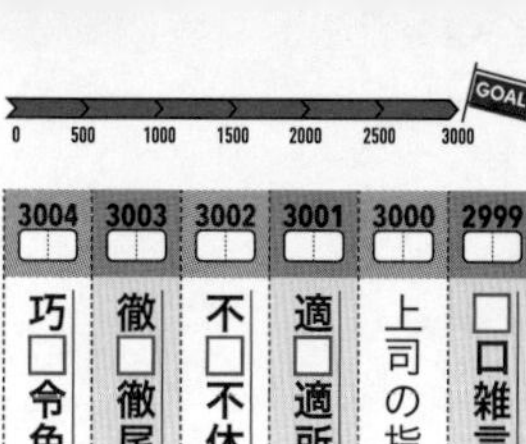

番号	問題	意味	答え
2991	**□風満帆**の人生を送る。	➡物事が非常にうまく運ぶ様子。	順・じゅんぷうまんぱん
2992	**無□乾燥**な小説でつまらない。	➡おもしろみがないこと。	味・むみかんそう
2993	**□謀遠慮**の策を巡らす。	➡先のことまでよく考えて、計画を立てること。	深・しんぼうえんりょ
2994	時代劇は**□善懲悪**の話が多い。	➡善い行いをすすめ、悪を懲らしめること。	勧・かんぜんちょうあく
2995	試験に合格して**意□揚揚**と帰る。	➡得意で元気いっぱいな様子。	気・いきようよう
2996	**一意□心**に任務に励む。	➡ひたすら集中すること。	専・いちいせんしん
2997	**本末□倒**もはなはだしい。	➡重要なこととそうでないことが反対になること。	転・ほんまつてんとう
2998	彼の説明は**□路整然**としている。	➡物事や話の筋がきちんと整っていること。	理・りろせいぜん
2999	**□口雑言**の限りを尽くす。	➡さまざまにののしること。	悪・あっこうぞうごん
3000	上司の指示が**朝令□改**で困る。	➡規則などが頻繁に変更されて定まらないこと。	暮・ちょうれいぼかい
3001	**適□適所**の役割分担をする。	➡能力や性格に合った地位や任務を与えること。	材・てきざいてきしょ
3002	**不□不休**で働く。	➡絶えず物事を続けること。	眠・ふみんふきゅう
3003	**徹□徹尾**、信念を貫く。	➡最初から最後まで。	頭・てっとうてつび
3004	**巧□令色**に惑わされる。	➡口先の巧みな言葉や表面上のにこやかな表情。	言・こうげんれいしょく

装丁デザイン　ブックデザイン研究所
本文デザイン　A.S.T DESIGN

本書に関する最新情報は，小社ホームページにある**本書の「サポート情報」**をご覧ください。（開設していない場合もございます。）
なお，この本の内容についての責任は小社にあり，内容に関するご質問は直接小社におよせください。

高校入試 漢字・語句 3000【ミニ版】

編著者　中学教育研究会　　発行所　受験研究社

発行者　岡　本　泰　治

〒550-0013 大阪市西区新町 2―19―15
注文・不良品などについて：(06)6532-1581(代表)／本の内容について：(06)6532-1586(編集)

Printed in Japan　岩岡印刷・高廣製本
落丁・乱丁本はお取り替えします。